TINA UND HORST HERZIG

Romantische Reise durch Schottland

STÜRTZ PANORAMA

Inhalt

SEITE 5 _ *Die goldene Schöne krönt den prächtigen Ross-Brunnen aus dem 19. Jahrhundert in den Princes Street Gardens in Edinburgh. Von hier hat man eine wundervolle Aussicht auf das auf einem steil aufragenden Felsen thronende Castle.*

LINKS _ *Am Abend leuchtet die Ruine von Urquhart Castle geheimnisvoll vor den düsteren Wassern des Loch Ness. Wir genießen ganz allein die Magie des Augenblicks.*

ROBERT THE

Scotland my Love

Land der Sehnsucht und der Träume – immer noch denken die meisten bei Schottland spontan an Dudelsäcke, Männer in karierten Röcken, Whisky und Loch Ness, jenen geheimnisvollen See, in dessen trübem Wasser angeblich in dunkler Tiefe Nessi, ein saurierartiges Seeungeheuer lebt, dessen Existenz sich selbst mit modernster Technik wohl nicht beweisen lässt. Das Land selbst aber mit seiner faszinierenden Historie und seinen dramatischen Landschaften wurde als interessante und beliebte Reisedestination spätestens in den 1980er-Jahren durch die drei Filme Highlander, Braveheart und Rob Roy entdeckt, in denen mit viel Pathos und Leidenschaft der berühmten Hauptdarsteller Christopher Lambert, Mel Gibson und Liam Neeson der Kampf des schottischen Volkes gegen die englische Unterdrückung in vergangenen Jahrhunderten und das damals oft karge Leben der Clans in den Highlands eindrucksvoll thematisiert wurden. Und in epischen Bildern und dramatischen Szenen wurde die Sehnsucht vieler Zuschauer nach wilden einsamen Landschaften und düsteren Castles voller Geschichte und Mythen geweckt. Ich persönlich habe mich schon vor diesen eindrucksvoll inszenierten Filmklassikern unsterblich in dieses Land im Norden Großbritanniens verliebt. Mit Freunden unternahmen wir nach dem Abitur eine große Rundreise durch alle Regionen des Vereinigten Königreiches, Schottland aber bezauberte mich in einer derartigen Art und Weise wie niemals ein Land oder eine Region zuvor. Haben Sie derartiges vielleicht auch schon einmal erlebt? Man bereist zum ersten Mal ein Land oder besucht eine Stadt und fühlt sich auf seltsame Art verbunden und fast ein bisschen zuhause, obwohl man dort weder geboren noch aufgewachsen ist oder irgendwelche familiären Wurzeln hat.

Sicher bieten Paris, London oder Rom dem Kunst-, Architektur- und geschichtsinteressierten Reisenden mehr als Edinburgh, natürlich sind die geradezu schöpfungsähnlichen wilden Landschaftsszenerien Islands noch einzigartiger und grandioser als die schottischen Highlands, nirgendwo aber spüre ich so intensiv innere Harmonie und Frieden wie in Schottland, wenn ich dort bin, und Sehnsucht danach, wenn ich hier in unserem Zuhause bin. Dieses Land hat mich vor Jahrzehnten in seinen Bann gezogen, und diese Faszination ist wegen der Vielfalt an fantastischen Landschaften und

OBEN — *Der Queen's View, von dem man herrliche Ausblicke auf den Loch Tummel hat, ist wahrscheinlich zu jeder Jahreszeit Schottlands romantischster Aussichtsplatz. Im Herbst aber verleihen die gelb leuchtenden Wälder der Landschaft noch zusätzlichen Zauber.*

LINKE SEITE — *Sakrale Baukunst aus verschiedenen Jahrhunderten ist an vielen Orten besonders im Süden des Landes erhalten geblieben. Am Turm der Dunfermline Abbey kann man oben lesen, welcher berühmte schottische König im Inneren begraben ist.*

OBEN _ *Wer genauer hinschaut, kann in Edinburgh auch an einem Souvenirshop auf der Royal Mile ein reizvolles Urlaubsmotiv entdecken. Mittlerweile findet man dort wieder das eine oder andere interessante Lädchen.*

UNTEN _ *Insbesondere in den Highlands sprudelt und gluckert klares oder torfigbraunes Wasser in kleinen Bächen und Flüssen oder stürzt nach starken Regenfällen dramatisch als Wasserfall von grandioser Bergkulissen und mächtigen Steilklippen herab.*

historischen Monumenten auch nach unzähligen Reisen bis heute ungebrochen.

Selbstverständlich hat sich in den vergangenen Jahrzehnten dort viel verändert, die Moderne mit all ihren positiven Annehmlichkeiten, sowie negativen Begleiterscheinungen des Massentourismus hat selbst auf entlegenen Inseln und in abgeschiedenen Tälern Einzug gehalten, und so kann man sich mittlerweile praktisch überall im Internet über das Wetter der nächsten Tage, ein hübsches Hotel oder die Öffnungszeiten eines nahe gelegenen Castles informieren, im nächsten Supermarkt das eine oder andere gerade Notwendige besorgen oder einfach gelegentlich gemütlich eine Tasse Kaffee oder Tee trinken. All das war bei unseren ersten Schottlandreisen noch nicht möglich: Manchmal suchten wir in den Highlands verzweifelt eine Tankstelle, an Freitagen noch schnell eine geöffnete Bank, um die leere Urlaubskasse für das Wochenende wieder aufzufüllen, oder einfach irgendwo frisches Obst, einen Pub und so weiter. Dafür waren wir an manch einem wundervollen Ort, an dem sich heute insbesondere im Sommer die Urlauber in Scharen tummeln, damals ganz allein. Urquhart Castle im Abendlicht, der Old Man of Storr, der langsam aus den feuchten Nebelschwaden auftaucht – nur wir und die Magie des Augenblicks! Vieles hat sich gewandelt, aber der Zauber der Landschaft in allen Licht- und Wetterstimmungen ist noch immer derselbe, und heute noch stehen unzählige Castles majestätisch in einsamer Position oder romantische Schlösser und zugewucherte Klosterruinen an verwunschenen Orten und lassen den Besucher außerhalb der Hauptsaison eintauchen in die faszinierende Historie und die Atmosphäre längst vergangener Zeiten.

Geblieben ist auch die nationale schottische Identität – 2014 scheiterte zwar relativ deutlich ein Referendum über die Unabhängigkeit des Landes vom Vereinigten Königreich, aber die Mehrzahl begreift sich wohl ebenso heute primär als Schotten und erst in zweiter Linie als Briten. So werden die im Sommer an vielen Orten stattfindenden Highland Games nicht nur als Touristenspektakel veranstaltet, sondern sind neben vielen anderen Veranstaltungen, Sitten und Gebräuchen fester Bestandteil der Pflege der eigenen Tradition und Kultur. Mit unseren Kindern haben wir früher häufiger Highland Games besucht, denn Baumstamm werfende Männer, in schottischer Tracht tanzende Mädchen und insbesondere der Aufmarsch zahlreicher Dudelsackspieler und vieles mehr ist jedes Mal ein Erlebnis. Fans der englischen Königin fahren natürlich nach Braemar, um neben teils recht urwüchsigen Wettkämpfen noch die Queen und andere Mitglieder der Royal Family bestaunen zu können, die alljährlich aus ihrer nahen Sommerresidenz Balmoral Castle anreist und seit 60 Jahren als Schirmherrin der dortigen Highland Games fungiert. Wir begnügten uns gern mit einem authentischen Spektakel ohne royale Präsenz in Portree, dem Hauptort meiner schottischen Trauminsel Skye in wunderbar lockerer Atmosphäre mit herrlichen Ausblicken auf Landschaft und Meer. Absolut empfehlenswert!

Farbenpracht und Graunuancen

Mittlerweile sind unsere Kinder erwachsen und so können wir längere Auslandsreisen außerhalb der Sommerferien unternehmen. Deshalb waren wir in den vergangenen Jahren zu allen Jahreszeiten in Schottland unterwegs und haben dabei das Land ganz neu entdeckt! Waren Sie schon einmal im April, Oktober oder November in Schottland? Uns haben besonders die unglaubliche Farbenpracht des Herbstes und die leisen Farbnuancen von Weiß und Grau im Winter total begeistert. Deshalb werden wir Sie im dritten Band unserer Reihe „Romantische Reise durch …“ auf eine wundervolle Erkundungstour nach Schottland zu allen Jahreszeiten mitnehmen. Dabei hat jede Saison Vor- und Nachteile – schier endlos lange Sommertage lassen viel Zeit für spannende historische Spurensuche, Spaziergänge in üppig blühenden Gärten oder sportliche Aktivitäten jeglicher Art. Touristische Highlights aber sind in dieser Periode ziemlich überlaufen, schöne Hotels ausgebucht oder extrem teuer. Die besondere Magie Schottlands sucht man unter diesen Umständen manchmal vergebens. Im Winter dagegen sind diverse interessante historische Monumente geschlossen, die Tage kurz und die Temperaturen nicht immer für alle geplanten Ausflüge oder Wanderungen geeignet. Eine Schottlandreise ist jedoch immer mit einem gewissen Wetterrisiko verbunden: Am herrlichen Strand von Durness fror ich Anfang August schon im Wollpullover mit Schal, ein anderes Mal reichten uns Ende März kurzärmelige T-Shirts, während die Berge noch fotogene Schneekuppen trugen. Regen und Nebel können die tollsten Urlaubspläne zunichtemachen: Während unserer Studienzeit fuhren wir einmal im Sommer quasi nonstop um die Highlands. Bei teilweise fast

UNTEN LINKS _ *Wer möchte, kann auf der Royal Mile in Edinburgh bei einem Kiltmaker einen Sporran als edles Erinnerungsstück für Zuhause kaufen. Diese traditionelle, meist aus Fell oder Leder gefertigte und aufwendig verzierte Tasche wird an einer Kette oder am Gürtel befestigt und dient als Ersatz für die am Schottenrock nicht vorhandenen Hosentaschen.*

UNTEN _ *Dunkle Wolkenberge über steil aufragenden, schneebedeckten Bergzügen sorgen für magische Momente in der Einsamkeit der Highlands.*

Ganz links _ *In Lädchen und Galerien im ganzen Land findet man interessante Mitbringsel, die zuhause dann vielleicht die Fensterbank oder das Regal schmücken und uns immer wieder an eine wundervolle Schottlandreise erinnern.*

Links _ *Landestypische Spezialitäten kann man bereits beim Frühstück im gemütlichen Guest House probieren und später neben Porridge, Black Pudding oder Haggis auch leckere Fish and Chips oder andere fangfrische Köstlichkeiten aus dem Ozean genießen.*

horizontalem und starkem Dauerregen war ein Verlassen unseres Autos selbst mit Regenschirm oder -jacke fast unmöglich. Wozu auch, die Sichtweite links und rechts der Straße betrug circa 50 Meter – von den traumhaften Bergen und Seen oder der faszinierenden Küste sahen wir absolut nichts. Nachdem wir dann noch auf der Isle of Skye bei gleichen Sicht- und Wetterverhältnissen in einem winzigen B&B gestrandet waren und uns zwei weitere Tage vorwiegend mit Lesen und schottischen Kreuzworträtseln vergnügten, da es damals außer einem nur abends geöffneten Pub und einem kleinen Supermarkt mit bescheidenem Warenangebot absolut nichts zum Zeitvertreib gab, fuhren wir angesichts weiterer angekündigter Regentage entnervt gen Süden. Nichts gegen Regen und Wolken – ich könnte stundenlang in Glencoe oder am Old Man of Storr sitzen und mir das fantastische Spektakel von sich auftürmenden Wolkengebirgen in allen erdenklichen Grautönen oder schnell ziehenden weißen Wolkenmassen ansehen –, aber wenn tagelang bei permanentem Dauerregen absolut nichts zu sehen ist, bin sogar ich als echter Schottlandfan ziemlich frustriert und ein bisschen genervt. Natürlich besteht in südlichen Ländern ein erheblich niedrigeres Risiko eines total verregneten Urlaubes, aber wir hatten auch schon in der Provence, Spanien und Portugal einige echt unangenehme Regentage und bei adäquatem Wetter aber gibt es wenig Vergleichbares zum einzigartigen Zauber Schottlands! So kamen wir damals gleich im nächsten Jahr wieder und hatten bei allen erdenklichen fantastischen Wetterszenarien einen geradezu perfekten Schottlandurlaub.

Lieblingsreisezeit

Mittlerweile wissen wir schon gar nicht mehr, wie viele Male wir in dieses Land meiner Träume zurückgekehrt sind. Für diesen Bildband waren wir im vergangenen Herbst noch einmal unterwegs und der Oktober ist nun meine neue schottische Lieblingsreisezeit: Das ganze Land erstrahlte in einem unglaublichen Spektrum an Gelb- und Orangetönen, morgens stiegen über Lochs und Glens geheimnisvolle Nebelschwaden auf und erste Wintervorboten verwandelten die Highlands für zwei bis drei Tage in ein mit frischem Schnee gepudertes Zauberland. Lediglich einige interessante Schlösser waren bereits geschlossen und die Suche nach romantischen Hotels oder B&Bs gestaltete sich im Gegensatz zu unseren beiden ersten Bildbänden dieser Reihe (Cornwall und Normandie) etwas schwierig – wir wollen Ihnen ja schließlich jeweils einige ganz besondere Unterkünfte vorstellen, die wahrscheinlich nicht nur für uns zu einer rundum gelungenen Reise einfach dazugehören. Zwar findet man in allen schottischen Regionen hübsche und stylische Gästezimmer und Appartements, aber die Auswahl ist im Vergleich zu Englands Süden doch eher begrenzt und die Preise sogar im Oktober teilweise astronomisch hoch. Natürlich möchten wir Ihnen nicht irgendwelche zwar plüschig-romantisch, manchmal aber doch eher renovierungsbedürftigen Gästezimmer oder einfach durchschnittlich praktisch möblierte und saubere Unterkünfte empfehlen. Derartiges gibt es überall und muss von uns nicht explizit vorgestellt werden. Deshalb haben wir dieses Mal einige Übernachtungsmöglichkeiten ausgewählt, die teilweise schon etwas über unserem üblichen Preislimit liegen und leidenschaftliche Romantiker vielleicht nicht auf Anhieb begeistern werden, doch in jedem Fall sind unsere Vorschläge interessant möbliert, mit netten Gastgebern und immer absolut empfehlenswert! Keine Angst, auch in diesem Bildband müssen Sie nicht auf Romantik verzichten, wir haben für Sie fantastische Schlösser, üppig blühende Gärten und viele andere verwunschene Fleckchen ausgewählt. Seien Sie also gespannt und lassen Sie uns jetzt starten zu einer tollen Entdeckungsreise mit vielen poetischen Fotografien meines persönlichen Lieblingslandes, die seine besondere Magie zu allen Jahreszeiten dokumentieren …

Oben _ *An Fashion und Style Interessierte finden besonders in Glasgow und Edinburgh ein tolles Einkaufsspektrum für jeden Geschmack, jedes Alter und in allen Preisklassen.*

Links _ *Liebhaber des schottischen Nationalgetränks können in zahlreichen Destillerien in verschiedenen Regionen des Landes an interessanten Führungen und Verkostungen teilnehmen und vor Ort die eine oder andere Sorte erwerben.*

Seite 14/15 _ *Brückenfans aus aller Welt kommen in das kleine Örtchen South Queensferry westlich von Edinburgh, in dem man mittlerweile drei Brücken aus drei Jahrhunderten bestaunen kann. Seit 2017 überspannt neben der roten Eisenbahnbrücke Forth Bridge von 1890 und der Autobahnbrücke Forth Road Bridge von 1964 die neue spektakuläre Schrägseilbrücke Queensferry Crossing den Meeresarm Firth of Forth in atemberaubender Höhe.*

Der Zauber des Südens – von der Grenze bis nach Stirling

Schottland ist mit dem Flugzeug in kurzer Zeit erreichbar, wir präferieren aber nach wie vor die Anreise mit dem Auto: Wir genießen auch nach unzähligen Großbritannienreisen immer noch die Überfahrt mit der Fähre von Calais nach Dover, außerdem kann man auf der Fahrt gen Norden einige kurze interessante Pausen bei am Wegesrand gelegenen sehenswerten historischen Bauwerken einlegen. So wird man vielleicht nicht gleich dazu verleitet, den Weg gen Norden in die Abgeschiedenheit der nördlichen Gebirgsregionen einzuschlagen, denn Schottland ist nicht identisch mit den Highlands. Wir empfehlen, den Süden und die Mitte des Landes nicht zu vernachlässigen, denn gleich hinter der schottischen Grenze erstrecken sich malerische Bilderbuchlandschaften mit sanften Hügelwellen, heidekrautbewachsenen Höhen, saftigen Wiesen und Feldern, die von alten Bäumen begrenzt oder herrlichen Laubwäldchen unterbrochen werden, sowie zahlreiche faszinierende Monumente einer bewegten Vergangenheit beinhalten.

Die Grenzregion, die heute teilweise so lieblich wirkt, war im Lauf der Jahrhunderte immer wieder Schauplatz brutaler kriegerischer Auseinandersetzungen. Hier kämpften Pikten, Skoten, Römer, Kelten und Wikinger, lange bevor es um die Unabhängigkeit Schottlands von England ging. Die warmen Farben und das sanfte Licht des Herbstes aber ließen uns auf unserer letzten Reise diese blutige und grausame Vergangenheit häufig völlig vergessen – heute ist die Region einfach nur friedvoll und zauberhaft schön.

OBEN UND LINKE SEITE _ *Schottland ehrt seine Nationalhelden mit ganz unterschiedlichen steinernen Monumenten: Während in Edinburgh ein gigantischer Turm dem bekannten Schriftsteller Sir Walter Scott gewidmet ist, erinnert das würdevolle Standbild vor Stirling Castle an seinen berühmtesten König Robert the Bruce.*

Mehr als ländliche Idylle

Bekannteste Sehenswürdigkeit im Süden ist immer noch Gretna Green, jenes eigentlich eher unscheinbare Dorf, in dessen Schmiede mehr als 200 Jahre lang Jugendliche ohne Erlaubnis der Eltern heiraten konnten. Heute ist das weiße Häuschen ein Museum, das von zahlreichen Souvenirshops, Restaurants, Shoppingcentern und Hotels umringt ist – leider eine eher abschreckend wirkende moderne Touristenattraktion, die mit der Magie Schottlands nichts zu tun hat. Doch neben diversen Zeugnissen aus der Steinzeit können Sie in dieser ehemals umkämpften, heute zauberhaften ländlichen Idylle viele fantastische Beispiele profaner und sakraler Baukunst besuchen, deren Besichtigungen alle lohnenswerter und interessanter sind. In

Dryburgh, Melrose und Jedburgh erwarten Sie wundervolle Klosterruinen in romantischer Lage oder im Zentrum hübscher Kleinstädte. Faszinierende Geschichte und so manch schauerliche Geschichten erfährt man in geheimnisvollen mittelalterlichen Burgruinen. Prunkvolle Schlösser oder Herrenhäuser in traumhaften Gärten und Parkanlagen aus verschiedenen Epochen künden von längst vergangener Pracht und Herrlichkeit auch jenseits des Tweed. Literarisch interessierte Besucher dürfen in Abbotsford House auf den Spuren des berühmten schottischen Schriftstellers Sir Walter Scott wandeln oder in Alloway das Geburtshaus des Nationaldichters Robert Burns besuchen.

Glasgow & Edinburgh

An der West- und Ostküste bieten hübsche Leuchttürme in exponierter Lage und beschauliche Fischerörtchen zahlreiche interessante und malerische Fotomotive. Bilderbuchdörfer und -städtchen wie im Süden Englands findet man in Schottland generell eher selten, aber gerade im Süden kann man doch so manches hübsche Örtchen mit pastellfarbenen blumengeschmückten Häusern entdecken. Für Kulturreisende führt natürlich kein Weg an den beiden größten Städten Edinburgh und Glasgow vorbei. Während Edinburgh schon immer nicht nur wegen seines trutzigen Castle, das majestätisch auf einem Felsen über der City thront, als interessante Hauptstadt mit zahlreichen Sehenswürdigkeiten galt und deswegen sicher wenigstens einmal auf dem Programm jedes Schottlandreisenden stand, musste Glasgow lange mit seinem Image als eher schmuddelige Industriemetropole kämpfen. Wohl eher hauptsächlich Kennern der Architektur- und Designszene war Schottlands größte Stadt wegen der von Charles Rennie Mackintosh geplanten Glasgow School of Art und der von ihm im Jugendstil eingerichteten Willow Tea Rooms eine Visite wert. Selbst wir, eigentlich an Architektur und Design durchaus interessiert, hielten uns lange von Glasgow fern: Zu wenig Zeit, die Kinder waren noch zu klein und viele Gründe mehr gab es. Vor einigen Jahren aber entschlossen wir uns dann doch zu einer Besichtigungstour und erlagen dabei dem etwas spröden Charme dieser Stadt. Sicher, Glasgow ist keine Schönheit im klassischen Sinn wie Paris oder London, ihre Faszination resultiert aus ihrem unglaublichen baulichen Spektrum irgendwo zwischen Gestern und Morgen und einer Atmosphäre des kreativen Wandels – eine Großstadt im Aufbruch!

Aber auch Edinburgh gefiel uns dieses Mal besonders, denn zwischen all den Kiltmachern, traditionellen Pubs und Souvenirshops entstehen überall kleine stylische Cafés und Lädchen mit jungem schottischen Kunsthandwerk und Design. Hier kann man in historischem Ambiente und in entspannter Atmosphäre das moderne Schottland finden – inspirierend und empfehlenswert! Seien Sie gespannt, was wir in diesen beiden pulsierenden Metropolen für Sie entdeckt haben. Das Übernachtungsangebot ist in allen Stilrichtungen und Preisklassen reichhaltig – ich denke, dass wir in beiden Städten tolle Zimmer ausgewählt haben.

Dramatische Historie

Bevor man dann den Firth of Forth über die neue spektakuläre Brücke Queensferry Crossing überquert, lohnt noch ein kurzer Abstecher in die ehemalige idyllisch gelegene Königsresidenz Linlithgow und die fantastische, sagenumwobene

Seite 18 und Seite 19 _ *Romantische Schlossgemächer, filigran verzierte Säulen und Türen oder beeindruckende Kirchen, aber auch düstere Castles, Ruinen und Gemäuer künden in allen Regionen von Schottlands faszinierender Vergangenheit.*

Rosslyn Chapel aus dem 15. Jahrhundert. Sicher zählen Dunfermline und Stirling nicht zu den schönsten Städten Großbritanniens, aber hier findet man ebenso manches hübsche Plätzchen. Vor allem aber wegen ihrer historischen Relevanz sind die beiden Städte ein Muss für alle Schottlandbegeisterten. Ein Besuch der mächtigen Abteiruine aus dem 12. Jahrhundert in Dunfermline ist genauso lohnenswert wie die Besichtigung des nationalen Denkmals Stirling Castle, das sich eindrucksvoll und weit sichtbar auf dem Castle Hill über der Stadt erhebt und mehrfach Schauplatz der dramatischen Historie des Landes war. Besonders nach Stirling kommen wir immer wieder gerne zurück: für einen Kaffee in der Altstadt oder einfach eine kurze Pause auf der Esplanade vor dem Castle mit dem schönen Blick auf den romantischen alten Friedhof darunter oder der schönen Aussicht auf die weite geschichtsträchtige Landschaft, die dann endlich auf uns wartet. Aber lassen Sie uns nun zuerst trotzdem gemeinsam den Zauber des schottischen Südens entdecken …

Oben und ganz oben rechts _ *Wer sich ein bisschen Zeit nimmt für die zahlreichen historischen Bauwerke im Süden, wird mit interessanten Entdeckungen belohnt. Ein Platz voller Romantik ist die idyllisch am Tweed gelegene Dryburgh Abbey, die ab 1250 von den Prämonstratensern im frühgotischen Stil errichtet und bereits 1322 wieder von den Engländern zerstört wurde.*

Oben _ *Schon kurz nach der schottischen Grenze thront trotz mehrfacher Zerstörung im Lauf ihrer Geschichte noch immer eindrucksvoll die Ruine der Jedburgh Abbey am Rande der gleichnamigen hübschen Kleinstadt. Die mächtigen Säulen des gewaltigen Kirchenschiffes aus dem 12. Jahrhundert zeugen heute noch von ihrer einstigen Größe und Bedeutung.*

Umgeben von uralten Grabsteinen und fantastischen Baumriesen ist die Ruine von Dryburgh Abbey ein Ort der Stille und Poesie und letzte Ruhestätte für Schottlands großen Dichter Sir Walter Scott.

Der Aussichtsplatz Scott's View wurde nach dem berühmten Schriftsteller benannt, der hier oft die wundervollen Ausblicke über die malerischen Schleifen des River Tweed und die Bäume und Felder bis zu den Eildon Hills genoss. Auch wir kommen immer wieder gern zurück, um an einem herrlichen Sommertag oder an einem stillen Herbstmorgen in einer Symphonie der Farben zu schwelgen.

Ein weiteres Beispiel faszinierender Sakralarchitektur aus dem 12. Jahrhundert ist die von Zisterziensern erbaute Melrose Abbey im gleichnamigen Städtchen, das mit Cafés, Restaurants und Geschäften aller Art nach dem Klosterbesuch zu einem gemütlichen Spaziergang einlädt. Vorher können Gartenbegeisterte direkt bei der Abbey im Harmony Garden und im Priorwood Garden zahlreiche Blumen bestaunen.

Nach mehrfacher Zerstörung wurde die Abtei im 16. Jahrhundert von den letzten Mönchen verlassen, doch auch die Ruine dokumentiert noch als imposantes steinernes Relikt die Bau- und Handwerkskunst längst vergangener Jahrhunderte. Berühmt ist Melrose Abbey ebenso als angebliche Grabstätte des Herzens von Robert the Bruce.

Seite 26/27 _ *Fast an ein Märchenschloss erinnert in der Nähe von Melrose das am River Tweed gelegene Abbotsford House. Das Herrenhaus von Sir Walter Scott, dessen Werke zu den meistgelesenen Büchern seiner Zeit gehörten, wurde nach seinen Ideen und Wünschen aus einem ursprünglich eher schlichten Farmhaus zu einer fast fürstlichen Dichterresidenz mit verzierten Türmchen, Erkern und Giebeln umgebaut sowie von einer prachtvollen Gartenanlage umgeben. Ein Muss für Freunde schottischer Literatur und Romantiker aller Art!*

Auch im Inneren von Abbotsford House gibt es für interessierte Besucher Faszinierendes zu entdecken, denn Sir Walter Scott war ein fleißiger Sammler aller möglichen Schätze und Kuriositäten. Neben einer eindrucksvollen Bibliothek und originalen Schriftstücken kann man Skulpturen, historische Waffen und so manches Relikt der schottischen Geschichte bestaunen.

Traquair House gehört sicher nicht zu den spektakulärsten Castles oder prunkvollsten Schlössern, aber ein Besuch des wohl ältesten bewohnten Herrenhauses (Ursprung im 12. Jahrhundert) in Schottland ist dennoch empfehlenswert. Hinter der eher schlichten Fassade des in ländlicher Idylle gelegenen Baus gelangt man über eine uralte Wendeltreppe in mehrere Stockwerke, in denen man auf den Spuren schottischer Geschichte wandeln kann. Beim Gang über knarrende Holzdielen, durch enge Flure und antik möblierte Zimmer und Kammern spürt man dann fast einen Hauch längst vergangener historischer Persönlichkeiten und Ereignisse, denn nicht nur Maria Stuart weilte einst in diesem Gemäuer. Eine steinerne Schöne scheint im Garten von diesen alten Tagen zu träumen …

Mobiliar und Dekoration, Patina und Spuren der Jahrhunderte, knarrende Holzböden, verblichene Tapeten und Wandgemälde schaffen eine einzigartige authentische Atmosphäre in Traquair House – als wäre die Zeit einfach stehen geblieben. Nach einer Besichtigung der Schlossanlage können Sie noch gemütlich in einigen kleinen Kunsthandwerksshops stöbern, das Bier der hauseigenen Brauerei probieren oder im Gartencafé den besten Carrot Cake der Welt genießen. Was fehlt noch? Ja, Übernachten und Logieren in hübsch im historischen Stil möblierten Zimmern ist mittlerweile auch möglich und wem die Romantik noch immer nicht reicht, kann hier in aristokratischem Ambiente seinen Traumprinzen heiraten.

Eine Marmorskulptur des jungen Robert Burns schmückt seit 1877 den Church Place von Dumfries. In der Stadt kann man das Haus besichtigen, in dem der Nationaldichter seine letzten Lebensjahre verbrachte, und einige Originalmanuskripte und persönliche Artefakte bewundern oder einen Abstecher in den uralten Pub Globe Inn machen, in dem Burns oft und viel trank. Man kann aber ebenso zu seiner letzten Ruhestätte, einem imposanten Mausoleum, auf dem hiesigen Friedhof pilgern.

Die ländliche Idylle in der Nähe von Dumfries entspricht sicher nicht den üblichen Vorstellungen karger und wilder schottischer Landschaften. Aber wer die Vielfalt historischer Monumente und interessanter Städte und Orte im Süden und der Mitte des Landes erkunden will, kann angesichts derartiger malerischer Hügel, Bäume und Felder vielleicht doch noch ein bisschen auf die einzigartige Magie der Highlands warten.

Schottland bezaubert immer wieder durch seine grandiosen Landschaften und faszinierenden historischen Bauwerke – wirklich schöne Städte und Dörfer sind dagegen eher rar. Die Fassaden sind meist schmucklos aus dunklem Naturstein oder verputzt in allen Nuancen von Grau und Braun. Das beschauliche kleine Städtchen Kirkcudbright am River Dee mit vielen bunten Häusern aber bildet eine rühmliche Ausnahme.

In Kirkcudbright, das 1455 als Royal Burgh gegründet wurde, scheint man der farblichen schottischen Tristesse den Kampf angesagt zu haben. Wohin man schaut, pastellfarbene Häuser, bunte Türen und Fenster – ein Fest fürs Auge!

Die Ruine von MacLellan's Castle stammt aus dem 16. Jahrhundert und bietet ein ebenso romantisches Motiv wie die zahlreichen blumigen Eckchen und Dekorationen in Kirkcudbright. Im Rahmen einer Entdeckungstour des schottischen Südwestens ist ein kurzer Abstecher hierher wirklich empfehlenswert.

Rechts oben und Mitte _ *Auch in Schottland findet man eine ganze Reihe wundervoller Garten- und Parkanlagen – eine davon ist Castle Kennedy Gardens östlich von Stranraer. Rund um das leider für die Öffentlichkeit nicht zugängliche Lochinch Castle und die fotogen von Efeu überwucherte Ruine des abgebrannten Castle Kennedy erstrecken sich ausgedehnte Anlagen. Je nach Saison beeindrucken üppig blühende Rhododendren, ein großer Seerosenteich oder prachtvolle Blumenbeete.*

Rechts _ *Eine Flora, wie man sie in Schottland nicht wirklich erwartet, bezaubert die Besucher im Logan Botanic Garden. Dieser Außenposten des Royal Botanic Garden Edinburgh bietet mit zahlreichen Baumfarnen und exotischem Blumen und Gewächsen ein Paradies für Pflanzenliebhaber aus aller Welt!*

Sicher eines der faszinierendsten Schlösser Schottlands ist das zwischen Girvan und Ayr direkt am Meer auf einer Klippe thronende Culzean Castle, das Ende des 18. Jahrhunderts für den 10. Earl of Cassilis im neogotischen Stil errichtet wurde. Salons und Gemächer mit exklusivem Mobiliar unter prachtvollen Stuckdecken und vor allem das ovale Treppenhaus dokumentieren Pracht und Prunk aristokratischen Lebens in längst vergangener Zeit. Üppige Blumenpracht und romantische Durchblicke findet man in der weitläufigen Parkanlage – ein wirklich märchenhaftes Schloss.

Im Kontrast zur vorherigen Seite: Burns Cottage, ein einfaches Reetdachhäuschen im beschaulichen Städtchen Alloway, ist die Geburtsstätte des großen schottischen Dichters Robert Burns. Hier wurde er am 25. Januar 1759 geboren und verbrachte seine ersten sieben Lebensjahre in eher ärmlichen Verhältnissen. Zahlreiche Artefakte und Originalmanuskripte erwarten Sie im neu erbauten Museum. Bei einem gemütlichen Spaziergang durch den hübschen Ort kommt man nicht nur am imposanten Burns Monument vorbei, sondern auch an der Ruine der Auld Kirk und der geschwungenen uralten Steinbrücke Brig o' Doon, jenen beiden Bauwerke, die den Dichter zu Schauplätzen in seinem bekanntesten Gedicht Tam o' Shanter inspirierten. Mit seinem zum großen Teil in Scots geschriebenen literarischen Werk gelangte er zu Ruhm und Ehre, starb jedoch schon 1796 mit 37 Jahren.

Viele Jahre sind wir an Glasgow vorbeigefahren – die Stadt galt als schmutzig, heruntergekommen und hatte eine hohe Kriminalitätsrate. Heute jedoch hat sich das negative Image dank intensiver städtischer Kampagnen und Aktivitäten gewandelt und so ist Schottlands größte Metropole zu einem spannenden Ziel avanciert. Um uns stressfrei allen geplanten Zielen widmen zu können, beschlossen wir in Glasgow zu übernachten. Dabei entdeckten wir ein tolles Hotel, das wir Ihnen hier vorstellen möchten – das Apex City of Glasgow. Zwar nicht unbedingt romantisch, aber zentral und einzigartig!

Natürlich kann man in diesem Hotel ein normales Zimmer buchen, aber der fantastische Last-Minute-Preis für die zweigeschossige Maisonette-Suite im 7. Stock mit gigantischer Fensterfront und Blick auf die Stadt ließ uns keinen Moment zögern: 45 Quadratmeter auf zwei Ebenen, stilvoll eingerichtet – manchmal ist auch ein modernes Appartement einfach ein Traum!

ROWAN

THE WILLOW
TEA ROOMS
MACKINTOSH GIFT SHOP

Das Erbe von Charles Rennie Mackintosh kann man in Glasgow auf vielfältige Weise entdecken – zum Beispiel in dem originalgetreu rekonstruierten Café „The Willow Tea Rooms" in der Buchanan Street. Hier zeigt sich im Ganzen wie im Detail sein einzigartiges Design. Im Unterschied zum üblicherweise verspielt wirkenden Jugendstil zeichnet sich Mackintosh Werk eher durch Nüchternheit aus, die in Kombination mit einem aus der japanischen Kunst inspirierten Hauch von Eleganz seinen Stil einzigartig und unverkennbar machte. Berühmtestes Objekt des Künstlers ist sicher der schwarze Stuhl mit der hohen Gitterlehne. Neben den verschiedenen Willow Tea Rooms ist seine Handschrift auch in der Glasgow School of Art, im Design-Museum The Lighthouse, im House for an Art Lover und im Hill House in Helensburgh zu bestaunen.

Immer wieder aufs Neue überrascht Glasgow seine Besucher – oder wer erwartet in einer ehemals heruntergekommenen Industriemetropole eines der schönsten historischen Gewächshäuser Europas? Den Kibble Palace finden Sie zusammen mit anderen alten Gewächshäusern in den Botanischen Gärten Glasgow, einem großen öffentlichen Park. Umgeben von australischen Baumfarnen und diversen tropischen Pflanzen räkelt sich hier auch eine Marmorskulptur unter einem riesigen und doch filigranen Glasdach. Ein grünes Paradies inmitten einer pulsierenden Großstadt.

Am Abend erstrahlt die tagsüber eher düster wirkende gotische Kathedrale St. Mungo in geheimnisvollem Licht. Das vom 13. bis ins 15. Jahrhundert errichtete Bauwerk ist der Nachfolgebau einer Kirche, die der gleichnamige Schutzpatron Glasgows hier im 6. Jahrhundert errichten ließ. Die Magie dieses Ortes ist auch im Inneren spürbar – zum Beispiel am Grab des Heiligen St. Mungo, im düsteren Chor oder im gewaltigen Kirchenschiff, über das sich weit oben eine fantastische hölzerne Deckenkonstruktion spannt. Eine Sehenswürdigkeit der besonderen Art ist die Nekropolis auf einem kleinen Hügel hinter der Kathedrale. Auf dem viktorianischen Friedhof haben sich reiche Bürger der Stadt mit Tempeln, Obelisken, keltischen Kreuzen und Skulpturen Monumente für die Ewigkeit gesetzt – schaurig schön!

RECHTS OBEN _ *Glasgow leuchtet: Bei einem abendlichen Bummel durch das Zentrum zeigt sich, dass sich die einst schmuddelige Industriemetropole zu einer interessanten Kulturstadt gewandelt hat. Die City Chambers, Glasgows gigantisches Rathaus, erscheinen wie ein Märchenschloss. Der 1888 von Queen Victoria eröffnete Monumentalbau am George Square besticht jedoch nicht nur durch sein prächtiges Äußeres, sondern auch mit Europas größtem marmornen Treppenhaus.*

RECHTS MITTE _ *Vor dem Rathaus stehen auf dem George Square unter anderem das Denkmal für Robert Burns und die Sir Walter Scott Memorial Column.*

RECHTS _ *Auch die Gallery of Modern Art (GoMA), die in der neoklassizistischen Börse logiert, erstrahlt am Abend in festlichem Glanz. Das mehrfach umgebaute Gebäude erinnert mit seinem Portikus, den Säulen und dem Dreiecksgiebel an einen antiken Tempel.*

Am deutlichsten erkennbar wird Glasgows Erwachen aus jahrzehntelanger Lethargie nach dem wirtschaftlichen Niedergang der Industriemetropole in den 1970er-Jahren am River Clide. International renommierte Architekten schufen in den vergangenen Jahren im ehemals heruntergekommenen alten Hafen ein spannendes und modernes Konglomerat von Hotels, Museen, Konferenz- und Veranstaltungszentren. Das einem gigantischen Ufo ähnelnde futuristische Konzertgebäude SSE Hydro wurde von Norman Foster und Partnern entworfen.

Die kürzlich verstorbene Stararchitektin Zaha Hadid hat sich mit dem 2011 eröffneten spektakulären Riverside Museum in Glasgow ein bauliches Denkmal gesetzt. Im spektakulär gestalteten Museumsinneren werden die Geschichte und zahlreiche Facetten des Transportwesens dargestellt. So wandelt man durch eine Kollektion historischer Autos, Motorräder, Fahrräder, Schiffe, Lokomotiven, Straßenbahnen und vielem mehr – eine kongeniale Verbindung von Historie und Moderne!

Moderne und Historie sind in Schottland nie weit voneinander entfernt. Zwischen der größten Metropole Glasgow und der Hauptstadt Edinburgh thront auf einem Hügel oberhalb eines kleinen Sees die Ruine der ehemaligen Residenz schottischer Könige: Linlithgow Palace. In dem 1424 begonnenen Monumentalbau wurden Jakob V. und Maria Stuart geboren. Nach dessen Besuch kann man noch gemütlich den kleinen See umrunden und dabei herrliche Blicke auf das royale Gemäuer genießen oder die Gewölbe der mittelalterlichen St. Michael's Kirche am Eingangstor des Palastes und den reich mit Figuren verzierten Marktbrunnen bestaunen.

Edinburgh besticht durch ein relativ geschlossenes, organisch gewachsenes historisches Stadtbild, und nirgends wird die Pracht und Fülle architektonischen Schaffens aus verschiedenen Jahrhunderten besser sichtbar als vom Carlton Hill. „Athen des Nordens" nannte Fontane die Residenz der schottischen Monarchen seit dem Mittelalter und noch heute bezaubert der spektakuläre Ausblick auf das Zentrum der Hauptstadt.

Wer sich für die verschiedenen international renommierten Festivals interessiert, kommt im Sommer. Für uns jedoch ist Edinburgh immer eine Reise wert, besonders aber von Anfang September bis Ende Oktober, wenn die sommerlichen Touristenscharen nicht mehr die Straßen, Gassen und Plätze bevölkern und das sich langsam gelb färbende Laub der Bäume und das warme Herbstlicht die Stadt fast wie ein poetisches Gemälde erstrahlen lässt. Besonders von den Anfang des 19. Jahrhunderts angelegten, mit herrlichen alten Bäumen bestandenen Princes Street Gardens bieten sich wundervolle Ausblicke auf die Old Town, hier mit der Assembly Hall, einem neogotischen Gebäude aus dem 19. Jahrhundert am Castle Hill (links oben). Aufmerksamen Beobachtern entgeht auch nicht so mancher schöne Durchblick auf die viktorianische Pracht der New Town wie zum Beispiel das altehrwürdige Kaufhaus Jenners (links unten). Vor allem hat man von dieser grünen Oase inmitten der Großstadt traumhafte Ausblicke auf das trutzig auf einem Fels thronende Castle (links Mitte), das im Lauf seiner dramatischen Geschichte immer wieder zerstört und neu aufgebaut wurde, weshalb heute nur wenige erhaltene Teile den Beginn seiner einzigartigen Historie dokumentieren. Interessierte können bei einer Besichtigung des Castles neben der St. Margaret's Chapel aus dem 12. Jahrhundert, royalen Gemächern und der Great Hall aus dem 15. Jahrhundert vor allem die schottischen Kronjuwelen (Zepter, Schwert und Krone als Insignien der Macht) und den sagenumwobenen Stone of Destiny bestaunen, der bis zum Ende des 13. Jahrhunderts als Krönungsstein schottischer Könige diente.

OBEN — *Ein wirklich einzigartiges Denkmal setzte Edinburgh seinem berühmten Sohn, dem Schriftsteller Sir Walter Scott am Rand der Princes Street Gardens. Das 61 Meter hohe, 1846 fertiggestellte Monument im neogotischen Stil, das sich über der weißen Marmorstatue des Geehrten gen Himmel streckt, ist mit zahlreichen Figuren aus Scott's Werken verziert. Über eine enge Wendeltreppe gelangt man über 287 Stufen zu vier Aussichtsplattformen mit tollen Ausblicken auf die Stadt.*

GANZ OBEN RECHTS — *Die mächtigen Säulen und der kunstvoll verzierte Dreiecksgiebel beeindrucken an dem klassizistischen Bau der National Gallery of Scotland nach einem Entwurf des Architekten William H. Playfair, der auch in der New Town das Stadtbild maßgeblich prägte. In Schottlands renommiertester, 1859 eröffneter Gemäldesammlung kann man neben berühmten Malern wie van Gogh, Tizian, Rubens oder Turner auch nationale Künstler aus dem 18. Jahrhundert bewundern, und die moderne Kunst ist ebenso mit einem spannenden Spektrum von Roy Lichtenstein bis hin zu Robert Mapplethorpe repräsentiert.*

OBEN — *Attraktion für Besucher aus aller Welt ist neben dem Castle der Holyrood Palace. Reichen die Ursprünge der mehrfach umgebauten und erweiterten Anlage auf eine Abteiruine aus dem 12. Jahrhundert zurück, gilt das heutige Interesse an dem Palast vor allem seiner Funktion als historische royale Residenz und Schauplatz spektakulärer königlicher Dramen. Hier lebte die legendäre schottische Monarchin Maria Stuart, hier wurde ihr angeblicher Liebhaber mit Hilfe ihres Ehemannes Lord Darnley 1566 ermordet. Heute dient der Palast Königin Elisabeth als offizielle Residenz in Schottland.*

Entdeckungen an der Royal Mile: Die Hauptachse der Old Town von Edinburgh mit dem Castle am oberen und dem Holyrood Palace am unteren Ende gehört zu den bekanntesten und meistbesuchten Highlights der Hauptstadt. So findet man neben Pubs vor allem Souvenirshops mit Mitbringseln jeglicher Art, aber auch exklusive Kiltmacher und Whiskyshops mit einem überwältigenden Angebot des Nationalgetränks. Doch entlang der Royal Mile kann man ebenso Historisches entdecken: Das John-Knox-Haus (oben links), jenes mittelalterliche Gebäude, in dem der Reformator kurze Zeit vor seinem Tod lebte, der das Writer's Museum (ganz oben rechts), das Leben und Werk der berühmten schottischen Schriftsteller und Dichter Robert Burns, Sir Walter Scott und Robert Louis Stevenson thematisiert, bieten interessante Einblicke. Vor allem aber die zahlreichen Gässchen, Plätze, Treppen und historischen Hinterhöfe entlang und neben der Royal Mile lohnen kleine Umwege.

Einen Kontrast zu den historischen Gebäuden an der Royal Mile und dem Holyrood Palace bildet der direkt gegenüber dem Palast liegende, futuristisch wirkende Bau des schottischen Parlamentes. Nach einer fast dreihundertjährigen, 1707 durch den Act of Union geschaffenen Verbindung von schottischem und englischem Parlament zu einem vereinigten Parlament in London war 1998 nach einem Referendum in dem vom britischen Parlament gemeinsam beschlossenen Scotland Act ein eigenes Parlament mit partieller Autonomie in Edinburgh bewilligt worden und damit die Errichtung eines adäquaten Gebäudes erforderlich geworden. Der eigenwillige, persönlich durch die Queen 2004 eröffnete Bau des spanischen Architekten Enric Miralles bildet in seiner Verbindung von Stein, Holz, Stahl, Glas und Beton ein vielfach diskutiertes, aber auch hochgelobtes architektonisches Meisterwerk zwischen schottischer Tradition und Moderne.

Der eindrucksvolle Bau der ehemaligen Kathedrale St. Giles wurde vorwiegend im gotischen Stil geschaffen und ist die Hauptkirche der Church of Scotland. Inmitten des touristischen Trubels der Royal Mile findet man hier jahrhundertealte sakrale Baukunst – insbesondere das reich geschmückte Portal und die fantastische Decke der 1911 im neogotischen Stil angebauten Thistle Chapel lassen staunen.

In die St. John's Church vom Anfang des 19. Jahrhunderts an der Ecke Princes Street/Lothian Road dagegen verlieren sich nur wenige Besucher. Eigentlich schade, denn wer die Kirche an diesem lauten Verkehrsknotenpunkt mitten in Edinburgh betritt, taucht ein in eine Oase der Stille. Das Kirchenschiff wird von einem spektakulären Gewölbe im englischen Perpendicular Style überspannt, das durch die Decke der King Henry VII. Chapel der Westminster Abbey in London inspiriert wurde.

Nicht nur in Glasgow, sondern auch in der schottischen Hauptstadt können Sie durch einen Dschungel unter Glas wandeln, denn in den wundervollen historischen Glashäusern des 1670 gegründeten Botanischen Gartens wachsen und gedeihen Baumfarne, Palmen, die Riesenseerose Victoria und andere tropische und subtropische Pflanzen in unglaublicher Pracht und Fülle!

Die vielleicht interessanteste Straße der Old Town von Edinburgh ist die quasi zweigeschossige Victoria Street, die hinunter zum beliebten Grassmarket führt und mit ihren zahlreichen bunten und blumengeschmückten Fassaden und kleinen, interessanten Shops zahlreiche spannende Motive bietet. Sowohl dort, als auch in so mancher Seitengasse der Royal Mile können Sie eine ganze Reihe hübscher Lädchen entdecken mit einem großen Angebot ausgewählter Fashion-, Design- oder Dekoartikel, Vintage-Möbel und Antiquitäten. Ein echtes Paradies für kleinere Schätzchen entdeckte ich vergangenen Herbst zufällig in der Cockburn Street, einer Seitenstraße der Royal Mile: In Miss Katie Cupcake gibt es zwar keine süßen Leckereien, wie der Name erwarten lässt, aber wunderhübsche Dekoobjekte und handgefertigte Schmuckstücke – mein absoluter Lieblingsshop!

Suchen Sie als Urlaubsmitbringsel vielleicht eine edle Tweedjacke oder einen maßgeschneiderten Kilt? Dann ist John Morrison Kiltmakers auf der Royal Mile die richtige Adresse. In exklusivem Ambiente wird hier alles rund um das berühmte Schottenmuster angeboten – vom traditionellen Kleidungsstück bis zum extravaganten Designerkleid.

Einen ereignisreichen Tag in Edinburgh, Schottlands faszinierender Hauptstadt zwischen Tradition und Moderne, lassen wir bei adäquatem Wetter gern still in South Queensferry ausklingen. In dem beschaulichen Vorort hat man von verschiedenen Aussichtspunkten traumhafte Ausblicke auf die berühmte Eisenbahnbrücke und die beiden Autobahnbrücken über den Firth of Forth.

SHIP'S TIME
QUARTZ

Edinburgh bietet viele Übernachtungsmöglichkeiten in unterschiedlichsten Stilen und Preisniveaus – wir hatten uns, auch wegen der Nähe zu den Brücken, dieses Mal für das außerhalb der Stadt, auf der nördlichen Seite des Firth of Forth gelegene „The Bay and Bridge" in Dalgety Beach entschieden ... und es war die perfekte Wahl!

Ein riesiges, nagelneu renoviertes und stilvoll möbliertes Appartement in einem großen Privathaus in einer ruhigen, relativ modernen Wohngegend, eine fantastisch weite Aussicht auf den Firth of Forth und die Brücken, ein leckeres Frühstück und vor allem total nette, unkomplizierte Gastgeber – wir kommen garantiert wieder!

ANNO·POST·IPSIVS·OBITVM·D
COTORVM·REGIS·SEPVLCR

Wer sich für die Historie Schottlands interessiert, kommt nach Dunfermline, denn hier liegt der Nationalheld, Robert the Bruce, in der uralten Abteikirche begraben. Von dem ehemaligen, im 11. Jahrhundert von Königin Margaret gegründeten Benediktinerkloster zeugen heute vorwiegend imposante Mauern. Lediglich die Kirche hat die Zerstörungen und Verwüstungen während der Unabhängigkeitskriege und der schottischen Reformation mit Hilfe diverser Wiederaufbaumaßnahmen überstanden. Ihre mächtigen Säulen aus dem 12. Jahrhundert sind heute ein exzellentes Beispiel normannischer Baukunst.

Das Abbot House aus dem 15. Jahrhundert direkt neben der Abbey in Dunfermline besticht nicht nur durch seine Farbe, sondern bezaubert auch durch einen kleinen romantischen Blumengarten. Ob das Gebäude, wie sein Name suggeriert, jemals Wohnsitz des Abtes des benachbarten Klosters war, ist nicht gesichert.

Wollen Sie komplett eintauchen in eine andere Zeit und Welt? Dann fahren Sie nach Culross, denn in dem winzigen pittoresken Örtchen am Nordufer des Firth of Forth findet man nicht nur einzelne Gebäude aus längst vergangenen Jahrhunderten, hier scheint die Zeit irgendwann im 18. Jahrhundert einfach stehen geblieben zu sein. Nach einer wirtschaftlichen Blütezeit im 16. und 17. Jahrhundert dank florierender Kohleminen erlebte das Dörfchen im viktorianischen Zeitalter dann einen drastischen Niedergang mit der weitgehenden Verarmung der örtlichen Bevölkerung. Mangels Geld konnte nichts Neues gebaut oder Häuser renoviert werden. Mit finanzieller Unterstützung des National Trust wurde dieser einmalige Ort aus seinem erzwungenen Dornröschenschlaf erweckt und Culross Palace, Rathaus, Pfarrkirche und Abteiruine sowie unzählige Häuser authentisch renoviert und restauriert – ein zauberhafter kleiner Ort zum Staunen und Entdecken.

Niemand hat wohl so intensiv und spektakulär die Sehnsucht und den Drang des schottischen Volkes nach Freiheit und Unabhängigkeit verkörpert und dargestellt wie Mel Gibson in der Rolle von William Wallace im mit fünf Oscars prämierten Hollywoodfilm Braveheart von 1995. Unweit von Stirling erinnert das Wallace Monument, ein gewaltiger, weithin sichtbarer Turm, an den berühmt gewordenen Nationalhelden. Zu internationaler Bekanntheit durch dieses Filmepos gelangte auch der schottische König Robert the Bruce, der in der Schlacht von Bannockburn den Engländern eine entscheidende Niederlage zufügte. Heute erinnert eine Statue vor Stirling Castle an diesen bedeutenden Herrscher.

Ganz oben _ *An der uralten steinernen Brücke in Stirling haben der historische William Wallace, Andrew de Moray und ihren Truppen am 11. September 1297 die zahlenmäßig weit überlegene englische Armee von Edward I. vernichtend geschlagen. Glück brachte es den beiden Freiheitskämpfern nicht. Während de Moray schon zwei Monate später an den Folgen einer Verletzung starb, die er sich in der Schlacht zugezogen hatte, wurde William Wallace nach Verrat 1305 von den Engländern gefangen genommen und in London unter grausamster öffentlicher Folter hingerichtet.*

Oben links _ *Schon von weitem sichtbar thront das Castle auf einem steil aufragenden Fels über Stirling. Hier wandelt man auf den Spuren von Robert the Bruce, William Wallace und Maria Stuart. Die Magie dieses Ortes spürt man besonders am Abend, wenn die meisten Besucher die Esplanade, den weiten Platz vor der Burg verlassen haben und das Castle geheimnisvoll hinter der dunklen Silhouette des legendären Königs leuchtet.*

Oben _ *In der Nähe von Stirling erinnert unter anderem ein kolossales Reiterstandbild von Robert the Bruce an die Schlacht von Bannockburn, in der er mit seinen aus 21 schottischen Clans stammenden Truppen das englische Heer Edwards II. am 24. Juni 1314 besiegte.*

Besonders wenn im Frühling zartes Grün und Blüten leuchten, entdeckt man in Stirling so manch hübsches Eckchen: Von der Esplanade aus blickt man zum Beispiel auf den uralten Friedhof der Church of the Holy Rude mit wunderschönen Grabsteinen, Kreuzen und Engeln, die an längst Verstorbene erinnern. Auf ihren Gräbern wiegen sich im April blühende Narzissen im Wind. Ein unglaublich schöner stiller Ort. In der Kirche wurde übrigens Maria Stuarts Sohn Jakob VI. 1567 zum schottischen König gekrönt.

Die Magie des Nordens – vom Loch Lomond in die Highlands

Der Weg gen Norden führt uns meist zunächst vorbei am Loch Lomond. Der größte See des Landes mit zahlreichen Inselchen gilt als das schönste schottische Gewässer. Wir sind oft an seinen Ufern entlanggefahren und hatten dort schon wundervolle Ansichten und magische Momente, aber irgendwie gehört er für uns nicht wirklich zu den Top Highlights. Außerdem ist an Wochenenden durch die Ausflügler aus dem nahen Glasgow und im Sommer durch die internationalen Besucherscharen definitiv kein ruhiges Plätzchen zu finden, um die eigentliche Schönheit des Sees genießen zu können.

Mein persönlicher Schottlandtraum beginnt eigentlich immer erst richtig in Glencoe, jenem legendären Tal mit grandioser Bergszenerie und tragischer Geschichte. Beim letzten Mal erlaubten wir uns den Luxus, die oft mystische Atmosphäre des Tals zweimal zu genießen. Eigentlich wollten wir zunächst unsere Lieblingsplätze und -orte im Nordosten besuchen, aber wir hatten ein bisschen Zeit, die Berge waren märchenhaft wolkenverhangen, und so mussten wir diese optimale Konstellation einfach nutzen. Der Umweg hat sich gelohnt: Highlandmagie pur!

Oben und linke Seite _ *Nach so viel Kultur warten nun endlich die grandiosen Berglandschaften, einsamen Lochs und wilden Küstenszenerien Schottlands auf uns, denn genau deswegen kommen zumindest wir immer und immer wieder zurück. Angesichts morgendlicher Herbstimpressionen westlich des Loch Shiel oder der Poesie eines Steines im stillen Wasser des Loch Maree kann man seinen Stress wunderbar vergessen …*

Der Norden bezaubert uns alle in erster Linie durch seine charakteristischen, in der Eiszeit geformten Landschaftsformen: Täler, die sogenannten Glens, die von malerischen oder dramatischen Bergkulissen umgebenen sind, mit oftmals tiefgründigen Seen, den bekannten Lochs. In den Sommermonaten trifft sich zwar die ganze Welt in unglaublichen Scharen an Schottlands berühmtesten Loch mit seinem sagenumwobenen Seeungeheuer, aber abseits der bekannten Touristenrouten findet man noch das, weswegen man primär immer wieder in dieses faszinierende Land zurückkehrt: unberührte wilde Natur zum Wandern, Klettern oder manchmal einfach nur ehrfürchtig Staunen und Genießen.

Diese für uns heutige Reisende so beeindruckenden weiten und kargen, fast epischen Landschaften sind jedoch Menschenwerk, das Ergebnis jahrhundertelanger Abholzung vor allem zur Weidegewinnung sowie für den Schiffbau, und de facto ökologisch höchst bedenklich. Dank umfassender Wiederaufforstungsprogramme sind in dieser Region von spröder Schönheit heute zwar wieder circa 20 Prozent der Landfläche bewaldet, allerdings vorwiegend von Nutzwald, das heißt ausgedehnten Monokulturen schnell wachsen-

Schottlands Norden bietet nicht nur Natur pur, sondern auch zahlreiche historische Monumente aus ganz unterschiedlichen Epochen. So bietet das geheimnisvolle Schattenspiel eines sakralen Gemäuers in Elgin (oben) ein interessantes Motiv, genauso wie ein Detail eines alten Fischerbootes im Hafen von Oban (ganz oben).

der Nadelbäume. Nur ein kleiner Anteil an Mischwald trägt zur wirklichen Renaturierung bei.

Überirdische Lichtstimmungen

Während unserer letzten Tour überwältigte uns das Land vor allem mit seinen unglaublichen Herbstfarben dieser wenigen Mischwälder, und fast überirdische Licht- und Wolkenstimmungen machten das Fotografenglück perfekt! Nicht nur einmal musste mein Mann mich zur Weiterfahrt drängen, endlos hätte ich an mancher Stelle bleiben können, nach unzähligen Aufnahmen einfach noch ein bisschen die Natur im Großen wie im Kleinen still bewundern und dabei wenigstens für Momente die ganze Welt vergessen können. Seltsam, wir waren schon so oft überall hier unterwegs, aber niemals zuvor war es so atemberaubend schön! Ich weiß, dass auch sattgrüne Weiden, Moore und leuchtende Berggipfel an relativ warmen schottischen Sommertagen unter einem endlos blauen Himmel oder fantastische Sonnenuntergänge hinter bizarrer Küstenszenerie bezaubern, aber können sie wirklich mit einem derartigen Farbenrausch und Herbstzauber konkurrieren? Wer zeitlich flexibel ist, sollte nicht unbedingt die großen Straßen nutzen, sondern sich vielmehr treiben lassen, je nach Wetter und Landschaft rundherum die kleinen Straßen wählen, denn abseits der geplanten Route entdeckt man manchmal zufällig am Wegesrand die tollsten Motive. Natürlich kosten diese Umwege Zeit, weil man heute noch auf Schottlands vielen einspurigen Straßen definitiv nicht wirklich schnell vorankommt, aber dafür werden Sie häufig mit atemberaubenden Ausblicken und unberührten Plätzchen belohnt. Kein Tourist weit und breit, der Wind rauscht in den Bäumen, das Wasser des Bergbaches gluckert – nur Sie allein in der einzigartigen schottischen Natur – braucht man mehr?

Weit im Norden wird die Landschaft noch karger, rauer, einsam und oft menschenleer. Doch genau diese endlose Weite, oft baum- und strauchlos, macht für mich die Faszination der Highlands aus. Die geschwungene Biegung des kleinen Baches, die Linien der kahlen Berge und Hügel, die sich grafisch aus dem Morgendunst herausschälen, bilden eine reine Symphonie der Formen und Farben, jenseits der Hektik der modernen Welt, nur abhängig vom Wetter und den Jahreszeiten – ein Schottlandtraum!

Wind und Wellen

Während das Landesinnere so unterschiedliche und außergewöhnliche Landschaftsbilder bietet, findet man zumindest an der Ostküste außer einigen hübschen Stränden wenig Spektakuläres. An der Nord- und Westküste dagegen wechseln zerklüftete Klippenszenerien mit fantastischen Stränden, an denen man zumindest in der Nebensaison manchmal ganz allein bei stundenlangen Strandspaziergängen dem Schauspiel der Gezeiten zuschauen kann – nur wir und der Wind und die Wellen. Dabei hat der Norden nicht nur atemberaubende Natur zu bieten, sondern auch grandiose steinerne Monumente aus ganz verschiedenen Jahrhunderten.

Publikumsmagnete sind das jedem Schottlandreisenden bekannte Eilean Donan Castle und die am sagenumwobenen Loch Ness bei Drumnadrochit gelegene Ruine Urquart Castle. Lange vorbei sind leider die Zeiten, in denen man außerhalb der Saison ziemlich allein an diesen eindrucksvollen steinernen Zeugnissen schottischer Geschichte umherspazieren konnte. Doch zumindest am Eilean Donan Castle kann man in den frühen Morgen- und Abendstunden diesen Inbegriff eines düsteren schottischen Castles mit wenigen Gleichgesinnten bewundern und spätestens am Abend, wenn das golden erleuchtete steinerne Monument sich geheimnisvoll vor imposanter Bergkulisse im Loch Duich spiegelt, versteht sogar mein Mann, warum ich immer wieder wenigstens für einen kurzen Abstecher gern hierher komme.

Burgen und Schlösser, Kirchen und Klöster

Eindrucksvolle Burgruinen in spektakulärer Lage an der Küste, weitere Castles, prunkvolle Schlösser oder faszinierende sakrale Bauwerke bieten auch Kulturinteressierten in den nördlichen Regionen Schottlands so manches architektonische Juwel. Und im Gegensatz zu den bekanntesten Reisezielen kann man an den meisten Orten besonders außerhalb der Ferienzeiten Schottlands kunsthistorisches Erbe noch in Ruhe ohne Besuchermassen entdecken und genießen. Die schönsten und interessantesten werden wir Ihnen in zahlreichen Außen- und Innenaufnahmen vorstellen.

Nicht zu vergessen ist natürlich die Bedeutung der Region für das weltweit konsumierte Nationalgetränk Whisky. Zwar wird er auch auf einzelnen Inseln in kleineren Brennereien hergestellt, die meisten Destillerien aber findet man im Tal des Spey. Eine umfangreiche Besichtigung der Produktions- und Lagerstätten mit anschließender Probe ist nicht nur für Kenner und Liebhaber dieses edlen Getränks ein Erlebnis.

Derartige spannende und vielfältige Besuche erfordern so manchen, gelegentlich etwas mühseligen Umweg, vielleicht sogar manchmal durch eher unspektakuläre Landschaft. Aber letztendlich zählt das Erlebnis, und spätestens nach einer gemütlichen Tasse Tee am brennenden Kamin des schlosseigenen Cafés vergisst man nach einem wundervollen Rundgang durch prachtvoll möblierte und dekorierte Räume die Mühen der Anfahrt – insbesondere, wenn es draußen grau, nass und kalt ist. Lassen Sie uns nun eintauchen in alle Facetten von Natur und Kultur in Schottlands magischem Norden …

Faszinierende Zeugnisse aus 1000 Jahren schottischer Geschichte: ein frühchristlicher piktischer Symbolstein mit Kreuzgravur aus dem 8. oder 9. Jahrhundert (unten links) und ein romantisches Stillleben mit Geige in Dunrobin Castle aus der Mitte des 19. Jahrhunderts (unten)

Hauptanziehungspunkt im winzigen Örtchen Killin sind die Falls of Dochart. Von einer alten Brücke aus können Sie das über zahlreiche Felsen herabstürzende Wasser bestaunen, am Fluss entlangspazieren oder wie wir auf den Steinen herumklettern. Im Sommer kommt man am besten früh morgens oder gegen Abend. Im letzten Oktober waren wir hier fast ganz allein: Der Wind wehte die Blätter von den über den Fluss herabhängenden langen Ästen alter Bäume, das Wasser gurgelte und erzeugte eine ganz besondere Stimmung.

In idyllischer Lage am River Tay liegt das pittoreske Örtchen Dunkeld mit zahlreichen weiß getünchten und blumengeschmückten Häusern aus dem 17. Jahrhundert und einer eindrucksvollen Ruine der ehemaligen Kathedrale. Als frühchristliches Zentrum reicht ihre Geschichte bis ins 9. Jahrhundert zurück. Die heute sichtbaren Gemäuer der während der schottischen Reformation teilweise zerstörten Kirche wurden allerdings erst zu Beginn des 14. Jahrhunderts errichtet. Ein zauberhafter kleiner Ort!

Wie ein romantisches Gemälde wirkt der Loch Tummel an einem stillen Herbstabend. Dieser traumhafte Blick auf den See mit seinen beiden kleinen Inselchen, der malerisch von Wäldern und Bergen eingerahmt wird, bietet sich vom berühmten Queen's View in der Nähe von Pitlochry. Ob dieses herrliche Plätzchen nun nach Queen Victoria benannt wurde, die hier 1866 weilte, oder doch eher nach der Frau von King Robert the Bruce, Queen Isabella, die schon 550 Jahre früher in der Gegend unterwegs gewesen sein soll, spielt eigentlich keine Rolle – das Panorama ist einfach atemberaubend schön.

Wie schnell Wetter, Farben, Licht und damit die Stimmung in der schottischen Herbstlandschaft wechseln können, haben wir an einem Nachmittag westlich und östlich des Loch Tummel in weniger als zwei Stunden erlebt. Immer wieder mussten wir schnellstmöglich eine Haltemöglichkeit finden, damit wir derartig magische und zauberhafte Momente fotografisch festhalten konnten, bevor sie oft schon nach wenigen Minuten wieder vorbei waren.

Sicher zu den schönsten schottischen Schlössern gehört das von einem großen Park mit uralten Baumriesen umgebene Blair Castle. Nach partiellen Zerstörungen und Erweiterungen im Lauf seiner Geschichte präsentiert sich das aristokratische Anwesen heute als strahlend weiß gekalktes burgähnliches Schloss mit Türmchen und Staffelgiebeln.

Im Innern können die Besucher durch prachtvoll möblierte und dekorierte Salons, Treppenhäuser und Schlafzimmer spazieren oder in der holzgetäfelten Eingangshalle eine etwas martialisch anmutende historische Waffensammlung bestaunen.

Herbstzauber am River Garry bei Pitlochry: Eigentlich bevorzuge ich die einsamen eher baumlosen Moorlandschaften und schroffen wolkenverhangenen Bergszenerien und komme deswegen meist nicht schnell genug gen Norden, doch diesmal wäre ich gerne noch etwas hier geblieben.

Unglaubliche Farbnuancen von Gelb, Orange, Rot und Braun verwandelten diesmal im Oktober die bewaldete Hügellandschaft am River Garry bei Pitlochry derartig, dass auch ich mich dieser Faszination nicht entziehen konnte, obwohl mich die Szenerie bei früheren Touren im Sommer fast ein bisschen gelangweilt hatte.

Wenn Besucher aus aller Welt Anfang September in das winzige Dörfchen Braemar strömen, möchten sie bei den dortigen berühmten Highland Gatherings kraftstrotzende, Baumstämme schleudernde schottische Männer oder die Queen samt Royal Family bestaunen, die alljährlich diesem traditionsreichen, urwüchsigen Spektakel zuschauen. Die Queen verbringt nämlich jedes Jahr ihren Urlaub auf ihrem schottischen Landsitz Balmoral in der Nähe. Braemar Castle (oben) erhielt seine heutige Gestalt im Wesentlichen erst im 19. Jahrhundert. Eine romantische alte Steinbrücke (Mitte) überquert den River Dee. Bei Aberlemno stehen vier der berühmtesten, mit seltsamen geometrischen Mustern und Figuren gravierten Pikten- und Kreuzsteine (unten) aus dem 6. bis 7. Jahrhundert, die frühe Meisterwerke des sagenumwobenen kriegerischen Volkes sind.

Südlich von Stonehaven thront auf einem gewaltigen, ins Meer hinausragenden Fels die Ruine von Dunnotar Castle. In dem von drei Seiten vom Meer umspülten und auf der Landseite nur über eine tiefe Schlucht erreichbaren Castle wurden früher die schottischen Kronjuwelen aufbewahrt. Heute kann man über Treppen auf die steil aufragende Landzunge gelangen und die historischen Gemäuer, die fantastische Küstenszenerie oder einfach das Meer und die Wolken bestaunen!

STRATHISLA DISTILLERY
ESTD 1786

XV

Schottlands Paradies für Whisky-Liebhaber aus der ganzen Welt ist die Speyside, die sich entlang des River Spey erstreckt. Rund um Dufftown findet man nämlich die dichteste Konzentration an Destillerien im Land, circa 50 Brennereien produzieren hier das berühmte und weltweit beliebte Nationalgetränk, das neben dem Nordseeöl Schottlands Exportschlager ist.

Viele Brennereien bieten teils mehrstündige Führungen und Verkostungen an und in hauseigenen Shops kann man das eine oder andere köstliche Tröpfchen erwerben. Die 1786 in Keith gegründete Strathisla Distillery, die seit 1995 zum Pernod Picard Konzern gehört, ist mit ihren historischen Brennereigebäuden, sicher eine der schönsten Whisky-Destillerien.

Ganz oben und oben _ *Die immer noch mächtigen Ruinen der ehemaligen Kathedrale in Elgin lassen noch heute erahnen, welche Ausmaße und Bedeutung dieses Meisterwerk sakraler Baukunst in früheren Zeiten hatte. Die einst „The Lantern of the North" genannte Kathedrale wurde 1224 begründet. Mehrfach teilweise zerstört und wieder aufgebaut, setzte der endgültige Niedergang und Verfall im Verlauf der schottischen Reformation ein, 1711 brachen Mittelturm und Kirchenschiff in sich zusammen. Im achteckigen Kapitelhaus hat sich jedoch die einzigartige Deckenkonstruktion erhalten.*

Oben _ *Wer gerne interessante Felsbögen bestaunt, sollte einen Abstecher in das Städtchen Portknockie am südlichen Ufer des Moray Firth unternehmen. Am Ortsrand gelangt man nach einem kurzen Fußweg zum interessant geformten Bow Fiddle Rock.*

Etwas östlich von Portknockie erhebt sich der ausgesprochen hübsche Leuchtturm Macduff Pier Light in dem gleichnamigen Küstenort. Der 1905 errichtete zwölf Meter hohe, strahlend weiße Turm bietet insbesondere bei Sonnenschein ein herrliches Urlaubsmotiv.

Ein absolutes Highlight nicht nur für Freunde schottischer Castles, sondern auch für Gartenliebhaber befindet sich zwischen Inverness und Nairn: Mythisch eng mit Shakespeares Macbeth verknüpft, bietet das aus dem 14. und 17. Jahrhundert stammende Cawdor Castle seinen Besuchern zahlreiche prunkvolle Räume zur Besichtigung und dazu drei wundervolle Gärten – im Sommer ein echtes Blütenparadies!

Was wäre Urquhart Castle ohne das weltberühmte schottische Seeungeheuer Nessie? Wahrscheinlich eine romantische, malerisch an einem großen See gelegene Ruine, von der man ein paar hübsche Urlaubsbilder macht. Zwar zählte das im 13. Jahrhundert errichtete und seit dem Ende des 17. Jahrhunderts verlassene und damit dem Verfall preisgegebene Castle einst zu Schottlands größten Burgen, aber die heute übrig gebliebenen Gemäuer bieten außer der wirklich schönen Lage am legendären Loch Ness nichts wirklich Spektakuläres. So aber lockt Nessie jährlich Hunderttausende in das moderne Besucherzentrum.

Angeblich wurde das sagenumwobene Seeungeheuer von Loch Ness bereits im 6. Jahrhundert vom heiligen Columban persönlich gesehen. De facto wurden seit 1933 mehrere tausend angebliche Sichtungen eines oft an einen Plesiosaurier erinnernden Tieres gemacht. Weder Fotos, noch Echolote, riesige Netze oder Mini-U-Boote konnten bisher einen glaubhaften Beweis der Existenz eines derartigen urzeitlichen Wesens liefern, das angeblich noch immer in den unergründlichen Tiefen des zweitgrößten schottischen Sees haust. Eines ist zumindest klar – Nessie ist ein Riesengeschäft. Doch abseits der Touristenmassen entfaltet der See mit der Ruine des Urquhart Castle manchmal heute noch seinen ganz eigenen, stillen Zauber.

GANZ OBEN UND OBEN _ *Das nördlich des gleichnamigen Firth gelegene Dornoch gehört sicher zu Schottlands schönsten Dörfern. Dornoch Castle stammt in seinen Ursprüngen aus dem 12. Jahrhundert, war einst Sitz der Bischöfe von Caithness und wird heute als Hotel genutzt.*

OBEN _ *Einige Kilometer weiter thront in traumhafter exponierter Lage direkt am Meer das Märchenschloss Dunrobin Castle. Im hübschen Tea Room des Castles kann man sich vor oder nach einer Besichtigung am offenen Kaminfeuer stärken.*

Dunrobin Castle, der Stammsitz der Herzöge von Sutherland, der mit seinen vielen grazilen Erkern, Türmchen und Fenstern eher an ein französisches Chateau als ein schottisches Castle erinnert, gehört mit 189 Räumen und ebenfalls französisch inspirierter Gartenanlage nicht nur zu den schönsten, sondern auch größten Schlössern des Landes.

Ein absoluter Traum für Romantiker eröffnet sich dem Besucher nach dem Betreten von Dunrobin Castle, dessen Ursprünge bis ins 13. Jahrhundert zurückreichen. Seine heutige Form erhielten Schloss und Garten allerdings im Rahmen einer groß angelegten Umgestaltung im 19. Jahrhundert. Prachtvoll gedeckte Tafeln in exklusiv möblierten Räumen, eine steinerne Schöne nach antikem Vorbild, ein imposantes Treppenhaus, wundervolle Blumendekorationen – in jedem Raum, in jedem Stockwerk gibt es Faszinierendes zu bestaunen. Ein Rundgang durch den wunderschön herbstlich leuchtenden Garten rundet den Besuch perfekt ab. Bei all der Pracht und Herrlichkeit darf allerdings nicht vergessen werden, dass die Familie Sutherland eine ziemlich unrühmliche Rolle während der sogenannten Highland Clearances spielte und besonders erbarmungslos bei der Vertreibung der Landbevölkerung von ihrem Grund und Boden vorging.

Das winzige Küstenörtchen Durness ist ein Muss auf fast jeder unserer Schottlandreisen. Schon auf unserer ersten Tour nach meinem Abitur vor vielen Jahren hatte ich mich sofort in die fantastischen Strände rund um Durness und in die von Meer und Fluss geformte Höhle Smoo Cave verliebt und so ist es geblieben. Der Ort selbst bietet bis heute eigentlich relativ wenig: ein paar B&Bs, einen winzigen Supermarkt, einen Campingplatz in toller Lage direkt oberhalb des Strandes und einen Pub, in dem sich an einem verregneten Herbstabend Einheimische und Besucher treffen. Ein Schild zeigt die Entfernungen zu zahlreichen Metropolen.

Atemberaubende An-, Ein- und Ausblicke gewährt die Smoo Cave. Hier haben die Brandung des Meeres von vorn und der kleine Bach Allt Smoo von oben im Lauf von Jahrtausenden eine mehr als 60 Meter lange, 40 Meter breite und teilweise 15 Meter hohe Karsthöhle geschaffen, in der das Bachwasser durch ein Loch kaskadenartig in die dunkle Tiefe fällt – einfach magisch! Danach muss ich immer am Strand herumspazieren, den heranrauschenden Wellen zuschauen und zuhören. Im Oktober hatte es leider den ganzen Nachmittag geregnet und gestürmt, am späten Abend aber hörte der Regen auf, die schwarze fast mystisch wirkende Wolkendecke brach auf und ein strahlender Vollmond warf sein Licht auf die langsam heranrollenden Wellenkämme und das jetzt märchenhaft glitzernde Meer – braucht man mehr?

Bevor wir letzten Herbst unsere Reise von Durness aus gen Süden fortsetzten, musste ich erst noch einmal vom Aussichtspunkt über den Strand und die Felsen dort unten und rundherum schauen. Wie oft stand ich schon hier oben seit meinem 19. Lebensjahr, immer etwas wehmütig überlegend, wann ich wohl wieder hier diesen Ausblick genießen werde (links oben). Ein paar Kilometer entfernt liegt in Balnakeil ein uralter Friedhof mit romantisch überwuchertem Kirchengemäuer direkt am Meer mit herrlichem langen, von Dünen gesäumten Sandstrand (links Mitte) – welch ein Ort der Stille und Platz für die Ewigkeit. Bevor es dann endgültig für mindestens einige Stunden bis Ullapool in die einsame und raue Wildnis der nördlichen Highlands geht, empfehlen wir unbedingt noch einen kurzen Stopp im nahe gelegenen Balnakeil Craft Village, in dem in ehemaligen Militärbaracken neben allerlei Kunsthandwerk im hübschen Cocoa Mountain Café Tee oder Kaffee und vor allem feinste handgemachte Schokoladenspezialitäten aller Art angeboten werden. Dann geht es wieder hinaus Richtung Süden durch die scheinbar endlose Weite des hohen Nordens. Selbst im Sommer begegnet man so weit oben relativ wenigen Touristen, letzten Herbst aber begegnete uns kein Auto, kein Mensch, da waren nur wir und die Schönheit der kargen, wilden Landschaft – mein Schottland!

Sind sie nicht wundervoll, solche leisen Momente in einsamer Natur? Kein Geräusch, keine Bewegung, die Zeit steht still – und die bizarren Baumskulpturen am Loch Assynt wirken wie Symbole des Seins und Vergehens. Ich liebe solch farblose, poetische Szenerien!

Ein ganz anderes Bild bietet sich an einem sonnigen Frühlingstag am Loch Assynt: Während auf den Bergen noch letzte Schneereste liegen und die Ruinen des Ardvreck Castle und des Calda House melancholisch von vergangenen Jahrhunderten zu träumen scheinen, erwacht am See die Natur schon mit blühenden Narzissen zu neuem Leben.

Wenn man Glück hat, kann man auch die herbe Schönheit der Landschaft bei Knockan in den wechselnden Farben der Jahreszeiten genießen. Wenn man Pech hat, wie wir im vergangenen Oktober, verschwindet die ganze Landschaft hinter Wolken oder Nebelschwaden und außer der Straße sieht man absolut nichts. Glücklicherweise waren wir ja schon öfter hier und an einem jener sonnigen Tage entdeckten wir damals irgendwo dort am Straßenrand die Fensterscheibe eines kleinen verlassenen Wellblechhauses mit faszinierender Distelgravur. Es muss nicht immer ein prunkvolles Schloss sein, die Schönheit liegt manchmal einfach im Detail.

In Ullapool ist man zurück in der „Zivilisation". Denn die Region zwischen hier und Durness ist extrem dünn besiedelt: Nur ab und zu sieht man ein Gehöft oder Häuschen, manchmal sind diese aber längst verlassen und in winzigen Orten wie Rhiconich oder Scourie gibt es nur wenige Häuser. Im 1788 gegründeten Fischerörtchen mit circa 1500 Einwohnern findet man dann alles, was man als Reisender vielleicht wünscht: Zahlreiche Hotels und B&Bs, einen Supermarkt, kleine Cafés und Shops mit Souvenirs aller Art und vor allem ein paar Restaurants und Pubs, in denen man sich nach einem kalten, wolkenverhangenen oder verregneten Tag bei offenem Kaminfeuer gemütlich aufwärmen kann. Natürlich bietet die Reihe der weißen Häuser am Hafen auch durch die verregnete Autoscheibe ein interessantes Motiv. Mehr Spaß macht es aber zugegebenermaßen bei trockenem Wetter in Ullapool herumzuspazieren und schöne Details zu entdecken: vielleicht ein zweisprachiges Straßenschild oder alte Fischerboote, die sich im Loch Broom vor malerischer Bergkulisse spiegeln?

Schottische Herbstsymphonie: Auf unserer letzten Tour durften wir nach einem total verregneten Tag südlich von Ullapool dieses traumhafte Schauspiel erleben, als innerhalb kürzester Zeit die tief hängenden Wolken aufbrachen: Der Blick bis hin zum Loch Broom wurde frei, Nebelschwaden zogen langsam die bunt gefärbten Berge hinauf und schufen eine Landschaft wie ein Gemälde.

Wer braucht saftig grüne Berge vor sommerlich blauem Himmel, wenn man im Oktober derartig magische Momente erleben darf? Eben gerade hatten wir noch den stillen Herbstzauber über dem Loch Broom genossen, da bot sich uns einige Kilometer weiter und einige Meter höher dieses winterlich dramatische Wetterszenario:

In der letzten Nacht war erster Schnee gefallen und hatte die Berge wie mit einer feinen Puderzuckerschicht überzogen. Darüber türmten sich gigantische düstere Wolkenmassen, aus denen heraus manchmal, nur für einige Sekunden einzelne Sonnenstrahlen die einsame Berglandschaft in ein einzigartiges Licht tauchten.

Sicher zu den schönsten schottischen Seen zählt der Loch Maree mit 25 kleineren und größeren, von Bäumen bewachsenen Inseln, die sich bei Windstille melancholisch spiegeln, und fantastischen, durch eiszeitliche Gletscher geformten Gesteinsformationen. Hier wachsen noch die selten gewordenen mächtigen Scots Pines. Letzten Herbst fotografierte mein Mann das prächtige Exemplar mit schneebedecktem Gipfel des Slioch in strahlendem Sonnenschein. Kaum zu glauben, aber zehn Minuten vorher war von dem imposanten Berg absolut nichts zu sehen und es goss in Strömen aus rabenschwarzen Wolken – schottische Wetterkapriolen eben.

An der Küste westlich des Loch Maree zwischen Gairloch und Badachro gibt es Manches zu entdecken: Malerische Buchten mit hübschen Booten oder schöne Strände laden zum gemütlichen Spaziergang ein, romantisch verspielte Schilder am Wegesrand oder von blühendem Heidekraut umgebene bizarre Baumwurzeln an einem winzigen Tümpel eignen sich wunderbar als stimmungsvolle Urlaubsmotive. Gartenliebhabern möchte ich vor allem im Sommer einen Besuch der Inverewe Gardens bei Poolewe einige Kilometer nördlich des Loch Maree empfehlen. Dank des Golfstroms gedeihen inmitten dieser kargen Landschaft in dem von Osgood MacKenzie gegründeten Gartenparadies Pflanzen aus allen Regionen der Welt.

Unbedingt empfehlenswert ist eine Fahrt auf der A896 durch das Glen Torridon mit atemberaubend schöner Landschaft. Neben der Straße schlängelt sich plätschernd und sprudelnd der River Torridon, gesäumt von mächtigen Scots Pines und im Oktober herbstlich golden gefärbten Bäumen, Büschen und Bachufern. Außerdem türmen sich steile, teils schon schneebedeckte grandiose Bergmassive unter einem permanent wechselnden düsteren Wolkenszenario empor – Schottlandmagie pur!

Ich bin relativ anspruchslos, was Essen und Trinken betrifft, aber ein einziger Kaffee oder Tee am Morgen reicht mir nicht. Da es besonders außerhalb der Saison in den einsamen Regionen der Highlands manchmal ziemlich schwierig ist, irgendwo etwas gegen Durst oder Hunger zu finden, war ich überglücklich, in Lochcarron im kleinen Waterside Café endlich doch noch einen leckeren Kaffee zu bekommen. Glück gehabt, es war der letzte Tag vor der Winterpause.

Auch mein Mann ist pflegeleicht, was Essen und Trinken betrifft, aber zumindest einmal am Tag braucht der arbeitende Fotograf ein warmes Essen. So beschlossen wir, in der kleinen Café-Bar Hector's Bothy in Kyle of Lochalsh etwas gegen den Hunger zu tun, denn unser Tagesziel war noch ein gutes Stück entfernt. Glück gehabt – ein total leckerer Fisch, mit frischen Zutaten hübsch angerichtet!

Das malerisch auf einer winzigen Felsinsel im Loch Duich gelegene und bei Flut nur über eine alte Steinbrücke erreichbare Eilean Donan Castle ist neben Urquhart Castle am Loch Ness bestimmt das meistfotografierte Motiv Schottlands. Spätestens seit Christopher Lambert 1986 mit wilder Haarmähne als Highlander im gleichnamigen Film über diese Brücke ritt, strömen die Menschenmassen in das kleine Dorf Dornie, um das vielleicht schottischste aller schottischen Castles zu bestaunen. In der Mitte des 13. Jahrhunderts errichtet, wurde es 1719 von englischen Truppen teilweise zerstört und fast 200 Jahre später von dem Schotten John MacRae-Gilstrap erworben, der aus dem Gemäuer vor traumhafter Bergkulisse in zwanzigjähriger Rekonstruktion die alte Burg in neuer Pracht wieder auferstehen ließ. Besonders in der Dunkelheit entfaltet das erleuchtete Eilean Donan Castle seinen ganzen Zauber!

Wenn Ende März die Tage im Norden schon wieder länger und wärmer werden, lassen am Loch Oich erste Frühlingsboten noch auf sich warten. Wer aber ein Auge für Naturpoesie hat, findet in Schottland zu jeder Jahreszeit unzählige Motive – im Großen wie im Kleinen.

Eigentlich hatten wir nur angehalten, weil ich an keinem spiegelnden See vorbeifahren kann. Noch interessanter aber waren dann uralte Bäume mit riesigen oberirdischen, komplett von gelb-grünlichem Moos überwucherten Wurzeln, die sich krakenartig in den steinigen Boden und in Felsen krallten – ein Hauch von Zauberwald!

Bilder oben _ *Kompositionen in Blau und Braun von Wasser, Stein und Himmel an einem herrlichen Frühlingstag am Loch Lochy und Loch Linnhe südlich von Fort William. Die Landschaft ist zauberhaft, die Stadt bietet zahlreiche Übernachtungsmöglichkeiten sowie einige hübsche Cafés und Restaurants.*

Rechte Seite _ *In Fort William haben wir vergangenen Oktober mit „The Garrison" ein ausgesprochen interessantes Hotel entdeckt: Die ehemalige Polizeistation wurde komplett renoviert und in ein modernes Hotel mit stylisch dekorierten Zimmern und allem Komfort verwandelt. Eine ideale Basis, um die fantastische Bergszenerie in der Umgebung zu erkunden. Wer möchte, kann übrigens auch im Keller in einer der sechs ehemaligen Gefängniszellen übernachten, in freundlichem Hellblau möbliert und zu günstigeren Preisen.*

Natürlich reist man vorwiegend wegen der traumhaften Landschaften in Schottlands Norden. Doch oft locken mich auch interessante Gebäude und lohnende Motive am Wegesrand. Es muss also nicht immer eine grandiose Bergwelt sein, ebenso können ein spiegelndes Fenster und der Schatten auf der Tür eines alten Häuschens bei Onich bezaubern.

Jahreszeitliche Wolkenkompositionen in Grau: Ein malerisch sich spiegelnder Bergrücken am Loch Leven im Sommer (oben), die noch schneebedeckte Gipfelregion des Ben Nevis im Frühling (Mitte) und ein hübsches, von Bäumen bewachsenes Inselchen im Loch Eil im Herbst.

Nach einem leckeren Frühstück in unserem Hotel „The Garrison" hatten wir im Herbst trotz totalen Nebels eine Fahrt in die Landschaft westlich von Fort William geplant, man weiß ja, dass sich das schottische Wetter ziemlich schnell ändern kann. Wir hatten wieder einmal Glück, es wurde ein wundervoller Tag voller landschaftlicher Poesie und Magie: Bei Corpach lichtet sich der Nebel und ein gestrandetes altes Fischerboot träumt vor der Kulisse des am gegenüberliegenden Ufers leuchtenden Herbstwaldes wehmütig von längst vergangenen Tagen. Einige Kilometer weiter erinnert am nördlichen Ende des Loch Shiel die Statue eines Highlanders auf dem 1815 errichteten Glenfinnan Monument an die historische Stelle, an der Bonnie Prince Charlie im August 1745 seine Standarte hisste und sowohl den schottischen als auch englischen Thron beanspruchte (unten). Unter der Beteiligung verschiedener Clans begann danach mit ihm als charismatischem Anführer die zweite Jakobitenrevolte, die jedoch schon acht Monate später mit einer Niederlage in der berühmten Schlacht von Culloden im April 1846 endete. Während viele seiner Mitstreiter auf dem Schlachtfeld starben oder in Gefangenschaft gerieten, konnte der Prinz nach abenteuerlicher Flucht mit Hilfe der bekannten Flora MacDonald aus dem Land entkommen.

Glencoe, gleichzeitig Traum und Trauma der Highlands, ist zu jeder Jahreszeit eine Reise wert. Schottlands wohl bekanntestes, vor Jahrtausenden von Gletschern und Vulkanen geformtes Tal, fasziniert nicht nur wegen seiner atemberaubenden landschaftlichen Schönheit, sondern auch wegen seiner tragischen Geschichte. Denn in diesem „Tal der Tränen" wurden im Februar 1691 in einem grausamen Massaker circa 40 Männer des MacDonald Clans von Robert Campbell of Glenlyon und seinen königstreuen Truppen niedergemetzelt, weil ihr Clan-Chef einige Tage zu spät den vom englischen King William III. verlangten Treueschwur geleistet hatte. Weitere 40 Frauen und Kinder starben in der Kälte des Winters, nachdem ihre Häuser niedergebrannt worden waren.

Wahrscheinlich das meistfotografierte Haus Schottlands: Blackrock Cottage. Unsere Aufnahme entstand schon vor einigen Jahren in Glencoe und ich möchte mir nicht vorstellen, wie viele Touristen, engagierte Amateur- und Profifotografen sich während der Blütezeit des Heidekrauts an solch einem herrlichen Tag gegenseitig im Weg stehen. Natürlich konnten wir auch dieses Mal Ende Oktober trotz tristen Himmels und Regens nicht vorbeifahren, doch an den dem Wetter trotzenden Teilnehmern eines russischen Workshops und ihren Stativen auf den besten Plätzen gab es kein Vorbeikommen …

Im Herbst und im Frühling sind die Tage kürzer, die Temperaturen niedriger, aber der einzigartige Zauber von Glencoe ohne die sommerlichen Touristenmassen an vielen Plätzen besser spürbar. Dann zieht uns das Tal mit goldenem Licht, dramatischen Nebel- und Wolkenschauspielen oder über Felsen sprudelnden Bächen und Wasserfällen immer wieder in seinen Bann. Kein Wunder, dass diese einzigartige Bergwelt auch in mancher Szene von Braveheart, Rob Roy und Highlander als dramatische und spektakuläre Landschaftskulisse diente.

Nicht nur im Glencoe selbst findet man traumhaft schöne, teilweise noch weitgehend unberührte Natur, sondern auch im östlich angrenzenden Rannoch Moor mit unzähligen Tümpeln, Teichen und Seen sowie am westlich angrenzenden Loch Leven. So ergeben die filigranen kahlen Äste im Gegenlicht mitten im Tal ein stimmungsvolles Motiv, genauso wie die leise Poesie einer kleinen von Bäumen bewachsenen Insel im Loch Leven.

Letzter Winterzauber in Glencoe: Das Eis auf Bächen, Tümpeln und Seen ist zwar schon fast überall geschmolzen, aber die ersten Frühlingsboten lassen im März hier oft noch auf sich warten. Aber wer braucht den Frühling, wenn in einer kalten Nacht frischer feiner Schnee die „Three Sisters" und den pyramidenförmigen Buachaille Etive Mor in eine kalte weiße Märchenlandschaft verwandelt hat? Vor ein paar Jahren genossen wir diesen unglaublichen Ausblick ganz allein – kein Auto, kein Mensch. Glencoe gehörte nur uns beiden und aus dem „Tal der Tränen" wurde in diesem magischen Moment mein „Tal der Träume".

Normalerweise werde ich spätestens an der Grenze des Rannoch Moors wehmütig, weil es dann meistens gen Süden nach Hause geht. Vor einigen Jahren war diese Traurigkeit aber spontan verflogen, als ich während der Fahrt zufällig noch einmal hinüber zum Loch Tulla schaute: Wir waren hier schon so oft in all den Jahren vorbeigekommen, aber niemals zuvor hatte der See uns mit solch fantastischen Spiegelbildern bezaubert.

Oban liegt an der Westküste und ist der Hauptfährhafen für die Inneren und Äußeren Hebriden. Außer dem McCaig's Tower, einem etwas seltsamen, nicht fertiggestellten Nachbau des römischen Kolosseums aus dem Jahre 1897, hat die Stadt keine großen historischen Monumente zu bieten. Trotzdem kommen zumindest im Sommer zahlreiche Besucher, um den hiesigen Fährhafen für ihre Überfahrt nach Mull oder auf eine der anderen kleinen Inseln zu nutzen. Wir verbrachten hier eine Nacht nach unserer Rückkehr von Mull im Oktober in einem stilvollen Guest House. Sehen Sie selbst …

Die Besitzer des Greystones haben eine herrschaftliche Villa im schottischen Baronial Style des 19. Jahrhunderts, die man eher in einem exklusiven Wohnviertel von Glasgow oder Edinburgh erwarten würde als in der eher unscheinbaren Kleinstadt Oban, in ein stilvolles Boutique Hotel umgewandelt. Eine große Diele in einem gewagten, aber interessanten Stilmix von originalen Design-Klassikern des 20. Jahrhunderts und einzelnen asiatischen Möbelstücken, sowie ein prächtiges Treppenhaus mit einem gigantischen alten Buntglasfenster schaffen ein einzigartiges Ambiente. Natürlich dürfen sich die Gäste auch im schön dekorierten Wohnzimmer niederlassen.

Ein schönes großes Zimmer, stilvoll möbliert und mit Liebe zum Detail in Grautönen harmonisch dekoriert sowie eine gemütliche Sitzecke im Erker mit Panoramablick auf die Stadt und die gesamte Bucht, dazu ein großer, fast komplett weißer, modern möblierter Frühstücksraum mit historischer Stuckdecke und marmorner Kamineinfassung – was will man mehr? Ach ja, das superleckere Frühstück im Greystones wurde vom Hausherrn persönlich serviert und die Gattin kam zu unserer Verabschiedung mit Schürze aus der Küche – sympathisch bodenständig, oder?

Oben und oben rechts _ *Auch weiter im Osten und Süden gibt es noch Interessantes zu entdecken: Das kleine Örtchen Inverary, das sicher zu den sehenswertesten Dörfern Schottlands gehört, bezaubert mit weiß gekalkten, blumengeschmückten Häusern im georgianischen Stil. Dabei handelt es sich nicht um ein historisch gewachsenes Ortsbild, sondern um eine Planstadt, die ab 1743 komplett neu errichtet wurde, weil das ursprüngliche Dorf dem Neubau von Inverary Castle weichen musste. Ein Rundgang durch den hübschen Ort ist ebenso empfehlenswert wie eine Besichtigung des Schlosses mit seinen fantastischen Innenräumen.*

Ganz oben _ *Stimmungsvolles Motiv am Loch Awe: Dort spiegelt sich die romantische Ruine von Kilchurn Castle im stillen Wasser des Sees vor mächtiger Bergkulisse. Das immer noch eindrucksvolle Burggemäuer wurde 1760 nach einem durch einen Blitzschlag verursachten Brand verlassen und dem endgültigen Verfall preisgegeben.*

Mindestens ebenso sehenswert ist die St. Conans Kirk einige Kilometer südwestlich von Kilchurn Castle. Gegen Ende des 19. Jahrhunderts von Walter Douglas Campbell initiiert, wurde hier bis 1930 eine wundervolle Kapelle in einem einzigartigen Stilmix sakraler Baukunst verschiedener Jahrhunderte errichtet. Der mächtige steinerne Sarkophag der Bruce Chapel enthält zwar nicht die sterblichen Überreste des legendären Königs, aber die fast lebensgroße Statue auf seiner Oberseite trägt ebenso wie die Buntglasfenster mit faszinierenden Engelbildern zu der mystischen Stimmung dieses Gotteshauses bei.

Der Loch Lomond ist mit fast 40 Kilometern Länge und acht Kilometern Breite Schottlands größter See. Mit fast 60 größeren und kleinen Inselchen und malerisch in die umgebenden Berge eingebettet, gilt er vielfach auch als Schottlands schönster See. Besonders wenn der See im Herbst oder Winter still und verlassen liegt, verspürt man seinen ganz besonderen Zauber.

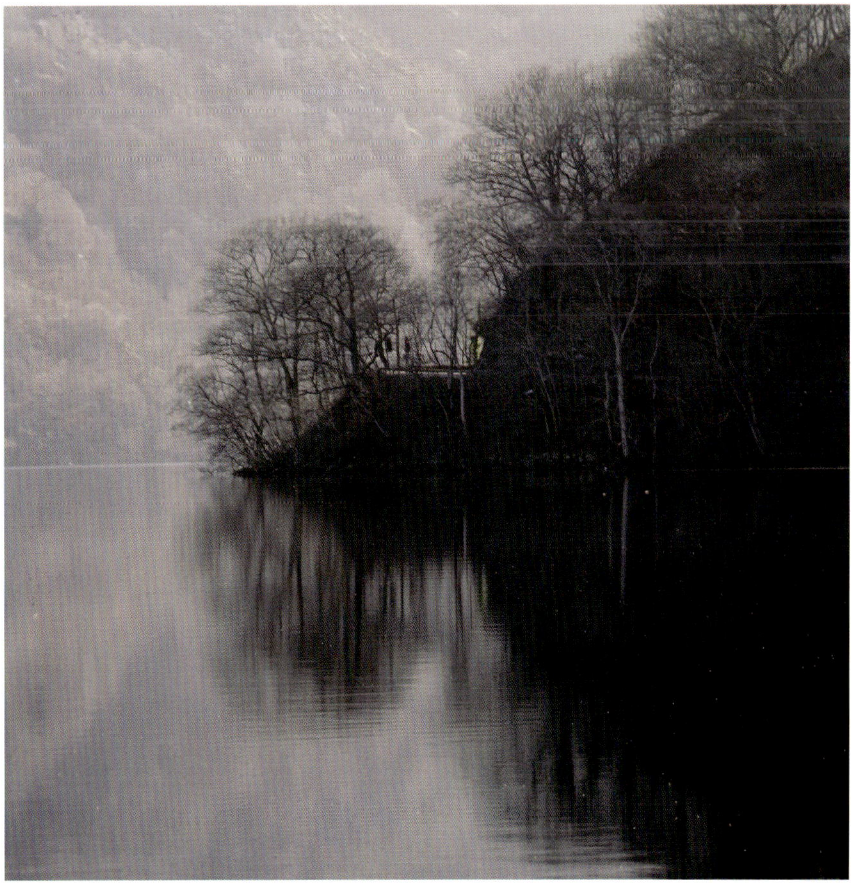

Entdeckungen auf den Inseln

Zu einer rundum gelungenen Schottlandreise gehört für uns immer der Besuch einiger der Inseln, die sich im Atlantik entlang der West- und Nordküste ziehen. Von den rund 800 Inseln und Inselchen in verschiedenen Größen und mit ganz unterschiedlichem Landschaftscharakter sind nur ungefähr 130 bewohnt. Zu den bekanntesten gehören sicher im Norden die Orkneys mit ihren steinernen Monumenten Ring of Brodgar und Skara Brae aus dem Neolithikum sowie reicher Vogelwelt. Die Shetlands kennt vor allem wegen ihrer Ponys, Wollpullover und den vor ihren Küsten reichen Ölvorkommen fast jeder. Beide Archipele bestehen jeweils aus zahlreichen größeren und kleinen Eilanden. Auf den jeweiligen Hauptinseln gibt es neben interessanten Ausflügen entlang der Küste natürlich auch so manches kulturelle Erbe zu entdecken.

Unsere Inselfavoriten aber sind die Inneren und Äußeren Hebriden mit hunderten Inseln an der Westküste, die den Reisenden mit ganz unterschiedlichen Highlights locken. Ganz im Süden bezaubert die Isle of Mull mit malerischer Landschaft, wundervollen, bei gutem Wetter fast karibisch wirkenden Sandstränden und faszinierender Felsküste. Der Hauptort Tobermory lädt mit vielen hübschen bunten Häusern, die sich fotogen um das Hafenbecken gruppieren, zum Bummeln, und Verweilen ein – zauberhafte und interessante Motive, wohin man schaut. Vom an der Westküste gelegenen winzigen Ort Fionnport kann man eine Bootsfahrt nach Staffa unternehmen, jenen unbewohnten Fels mit orgelpfeifenartigen Basaltformationen, die quasi das schottische Gegenstück zu Nordirlands berühmtem Giants Causeway sind. Oder setzen Sie mit einer kleinen Fähre zur direkt vorgelagerten Insel Iona über. Sie gilt als Ausgangsbasis der Christianisierung Schottlands im 6. Jahrhundert und Grablege früher schottischer Könige. Noch heute ist sie ein spirituelles Zentrum, das nicht nur gestressten Großstädtern geistigen Beistand bei der individuellen Sinnsuche bietet. Islay, die südlichste Insel der Inneren Hebriden ist mit acht Destillerien längst kein Geheimtipp mehr für Whiskykenner, sondern Anziehungspunkt für Freunde des schottischen Nationalgetränks aus allen Ländern der Welt.

OBEN UND LINKE SEITE — *Der kleine Leuchtturm in traumhafter exponierter Lage auf der Isle of Skye ist mittlerweile sogar noch Ende Oktober ein heiß begehrtes Urlaubsmotiv und Ziel diverser Foto-Workshops. Das alte Fischerboot im Hafen von Stornoway entdeckt nur, wer die Schönheit auch im Verborgenen und Alltäglichen sieht.*

Meine Trauminsel und mein absolutes schottisches Sehnsuchtsziel aber ist Skye! Seit der Eröffnung der Skye Bridge 1995 zwischen Kyle of Lochalsh und Kyleakin fehlt mir zwar ein bisschen das perfekte

Inselgefühl, aber nach wie vor ist für uns ein mehrtägiger Aufenthalt auf dieser landschaftlich einfach atemberaubend schönen Insel ein absolutes Muss jeder Schottlandreise. Schon auf unserer ersten Tour vor vielen Jahren habe ich mich sofort in diese teilweise fast unwirklich wirkende karge Landschaft mit sprudelnden Bächen, rauschenden Wasserfällen und spiegelnden Lochs in allen Größen und Formen vor grandioser Bergkulisse verliebt. In pittoresken Buchten und an dramatischer Steilküste ergeben sich je nach Wetter und Jahreszeit manchmal innerhalb von Minuten total unterschiedliche stimmungsvolle Momentaufnahmen dieser einzigartig schönen Inselwelt. Natürlich hat auch dieses nordische Inselparadies seine Unschuld mittlerweile verloren, möchten viele den unglaublichen Blick vom Old Man of Storr auf das Meer und die dahinterliegenden Bergkulisse des Festlandes genießen und so sind die extra dort angelegten Parkplätze mittlerweile häufig schon morgens belegt. Aber keine Angst, die Insel ist ziemlich groß und bietet deshalb jenseits der landschaftlichen Hauptsehenswürdigkeiten nach wie vor unglaublich viel Raum und Chancen für persönliche Erkundungstouren. Auf Fußmärschen entlang einer faszinierenden Küstenszenerie oder durch mystisch wolkenverhangene Bergmassive begegnet man meistens keiner Menschenseele – und dann ist er wieder da, dieser magische Moment, der uns immer wieder in den

Seite 146 und Seite 147 _ *Auf der Überfahrt von der Isle of Skye auf die Äußeren Hebriden ergeben sich an klaren Tagen immer herrliche Ausblicke auf Harris und vorgelagerte kleine Inselchen. Aber auch grafische Steinstrukturen in Elgol und die zarten, in stillem Wasser sich spiegelnden Gräser am Loch Cill Chriosd auf Skye bieten faszinierende Motive.*

Bann unseres Traumlandes zieht! Aber Skye besticht nicht nur durch seine atemberaubenden Landschaften – ein romantisches Castle, eine Burgruine und ein hübscher Leuchtturm jeweils in exponierter, fotogener Position am Meer, alte Steinbrücken und Friedhöfe mit dem Zauber längst vergangener Zeiten und ein tolles Museum, das das harte Inselleben im 19. Jahrhundert dokumentiert, bieten interessante Entdeckungen. Und in der malerisch gelegenen kleinen Inselhauptstadt Portree findet man mittlerweile neben einem richtigen Supermarkt auch einige hübsche Cafés, Restaurants, Pubs und Shops.

Unbedingt empfehlenswert ist ebenso ein Ausflug auf die Äußeren Hebriden, eine Inselkette mit mehr als 100 Inseln und Inselchen. Allein die Überfahrt mit den Ausblicken auf das Meer und die umliegende Inselwelt ist bei adäquatem Wetter ein unvergessliches Erlebnis. Im Rahmen einer zwei bis dreitägigen Rundfahrt kann man zum Beispiel wunderbar die Doppelinsel Harris and Lewis erkunden. Die Landschaft ist hier noch einsamer, noch karger, nicht so spektakulär wie auf Skye, aber je nach Wetter und Lichtstimmung von spröder, stiller Schönheit.

Traumhaft schöne, fast weiße Sandstrände warten auf Harris. Nicht umsonst gehört der Luskentyre Beach mit kristallklarem Wasser zu den schönsten Stränden der Welt: keine Beach Bar, null Amüsement und dahinter nur einige kleine weiße Cottages vor herrlicher Bergkulisse. Außerhalb der Feriensaison ist man hier immer noch fast ganz allein und nimmt sich mit stundenlangen Strandspaziergängen oder Wanderungen entlang der zerklüfteten Küste oder durch einsame Hügel- und Berglandschaften Auszeiten vom Alltag und modernen Leben, findet Erholung für Körper und Geist!
Hauptsehenswürdigkeit der Isle of Lewis ist natürlich der circa 5000 Jahre alte Callanish Stone Circle, dessen Magie immer noch spürbar ist. Daneben will Stornoway, Hauptort und das Tor zu den Äußeren Hebriden, bei einem beschaulichen Rundgang entdeckt werden und das nicht nur bei schlechten Wetterverhältnissen! Ja, Schottlands Inseln sind eine Reise wert, jede ist eine kleine Welt für sich mit jeweils eigenen Charakteristika hinsichtlich Natur und Kultur. Gelangt man zu meiner Trauminsel Skye völlig problemlos über eine imposante Brücke, gestaltet sich das Erreichen vieler anderer häufig schwieriger: Lange An- und Überfahrten, ungünstige Abfahrtszeiten und teilweise relativ hohe Transportkosten lassen jeden Reisenden überlegen, ob dieser Zeit- und Kostenaufwand bei vielleicht unsicherer Wetterprognose und vor allem persönlich begrenzter Ferienzeit lohnt. Deshalb haben wir uns entschieden, Ihnen nur unsere absoluten Lieblingsinseln Skye, Lewis, Harris und Mull vorzustellen, denn diese Inseln sind es wirklich wert, besucht zu werden! Wenn Sie wie wir schon mehrfach dort unterwegs waren, genießen Sie einfach unsere stimmungsvollen Bilder und schwelgen dabei vielleicht in Ihren eigenen fantastischen Urlaubserinnerungen. Lassen Sie uns also auf eine spannende Bildreise durch Schottlands schönste Inselparadiese im Atlantik gehen!

Die zu den Inneren Hebriden zählende und westlich von Oban liegende Isle of Mull wurde wohl schon vor circa 6000 Jahren besiedelt. Heute leben ungefähr 3000 Menschen auf der Insel, die nicht nur mit Landschaft und Küste bezaubert, sondern vor allem mit einem hinreißenden bunten kleinen Hafenstädtchen, dem Inselhauptort Tobermory, das sich im Nordosten fotogen in eine Meeresbucht schmiegt. Einige uralte, auf dem Hafenkai dekorativ drapierte schwere Anker eignen sich dann noch hervorragend als Vordergrundmotiv.

Die 1798 gegründete Tobermory Distillery gewährt bei einer Führung interessante Einblicke in die Whisky-Herstellung in historischem Ambiente. Danach können Sie im kleinen Shop neben verschiedenen hauseigenen Whiskysorten das eine oder andere kleine Souvenir erwerben. Wie wäre es zum Beispiel mit originaler Tobermory Whisky-Seife?

Leider findet man heute auch in Schottland immer seltener noch kleine Häfen, in denen man Fischern beim Ausladen frisch gefangenen Fisches zuschauen kann. Am Kai von Tobermory, das 1788 als Fischereihafen gegründet wurde, spürt man noch eine derartige Atmosphäre. Und zahlreiche romantische Bootsdetails, Netze und vieles mehr warten nur darauf, von unseren Kameras entdeckt zu werden.

Nicht nur die offene blaue Tür eines hellblauen Hauses ist ein hübsches Motiv, eigentlich könnte man an fast jeder der eher „unschottisch" bunten Fassaden an der Hafenfront von Tobermory interessante Details fotografieren. Bei einem Bummel entlang dieser farbenfrohen Häuserzeile bietet das weniger als 1000 Einwohner zählende Städtchen außer der historischen Distillery einige hübsche Shops und Cafés.

Die zweitgrößte Insel der Inneren Hebriden, Mull, ist vor allem ein wahres Paradies für Naturliebhaber und gestresste Großstädter, die in der Abgeschiedenheit der Landschaft wundervoll von der Hektik des modernen Alltags Abstand gewinnen können. Man kann von hier hinüber zur berühmten kleinen Insel Iona gelangen und sich dort in diversen Selbstfindungskursen neu entdecken, manchen von uns genügen vielleicht einfach ein paar stille Stunden, um sich über den eigenen Weg Gedanken zu machen – bei einem langen Spaziergang an einem der herrlichen Strände oder bei einer ausgedehnten Küstenwanderung entlang interessanter Felsformationen und Klippen. Aber auch zahlreiche kleine idyllische Seen bieten Orte der Stille und Besinnung. Die morbide Schönheit alter Fischerboote bei Salen erinnert uns zwar ebenso an die Begrenztheit des eigenen Seins, motiviert aber vielleicht, mehr auf das eigene Hier und Jetzt zu achten.

Meine persönliche Insel der Sehnsucht und der Träume ist die Isle of Skye mit ihren geradezu epischen Landschaftsszenerien. Jedes Mal wenn wir zurückkehren und sich im Abendlicht hinter dem Loch Alsh majestätisch die Silhouette der Cuillin Hills erhebt, überkommt mich eine Art Glücksgefühl, wie ich es an kaum einem anderen Ort verspüre.

Seit das größte und schönste Eiland der Inneren Hebriden 1995 durch die elegante moderne Skye Bridge mit dem Festland verbunden wurde, vermisse ich zwar die für mich zu einer Insel gehörende Fährüberfahrt, aber nichtsdestotrotz bleibt die von der hiesigen Bevölkerung Misty Isle genannte Insel mein absolutes schottisches Lieblingsziel!

In der Hauptsaison nahezu unbezahlbar, Ende Oktober mit einem leichten Seufzen gerade noch finanzierbar ist das im Süden von Skye in idyllischer Landschaft gelegene mehrfach preisgekrönte Boutique Hotel Toravaig. Moderne, aber trotzdem gemütliche Zimmer mit allem Komfort und teilweise schönem Ausblick auf den Sound of Sleat, ein fantastisches Frühstück und eine einzigartige Lounge mit goldenem Spiegel, Flügel und großem Marmorkamin mit offenem Feuer – ein perfekter Ort für Romantiker.

Eine wunderschöne Strecke führt von Broadford nach Elgol. Vorbei an majestätischer Bergkulisse gelangt man an einen kleinen verwunschen wirkenden See. Im fast vollständig von Seerosen bewachsenen Loch Cill Chriosd zeigt sich hier an stillen Tagen in traumhaften Spiegelungen des Bergpanoramas und der zarten Gräser die einzigartige Schönheit der schottischen Natur – im Großen wie im Kleinen. Aber auch die etwas östlich gelegene Ruine der kleinen, 500 Jahre alten Kirche Cill Chriosd lohnt einen Halt. Hier erzählen uralte Grabsteine und Kreuze von längst vergangenen Tagen. Die Weiterfahrt bietet dann rund um den Loch Slapin noch zahlreiche Motive vom Sturm gebeugter und gebogener Baumskulpturen sowie weite Ausblicke über den Loch Eishort.

Bei Elgol, dem Zielort dieser Tour, findet man fantastische Felsformationen und wunderbare Ausblicke auf die Cuillins. Und deshalb kommen wir immer wieder, denn abhängig vom Wetter und der Tageszeit ergeben sich jedes Mal neue und andere Blickwinkel und stimmungsvolle Motive. Im Sommer werden hier Ausflüge zum Loch Coruisk angeboten, jenem einsamen von schroffen Bergen umgebenen See, den sogar William Turner schon in einem Gemälde verewigte.

In der alten Mühle von Broadford werden seit 2016 im Deli Gasta in rustikalem Ambiente leckere Sandwiches, Suppen, Kuchen und Kaffeespezialitäten serviert. Fast alles hausgemacht und selbst gebacken mit vorwiegend lokalen Produkten. Außerdem findet man hier ein kleines, aber ausgewähltes Angebot an regionalem Kunsthandwerk. Das eine oder andere Mitbringsel aus längst vergangener Zeit können Sie bei Skye Antiques direkt neben dem Parkplatz des örtlichen Supermarktes entdecken.

Zu jeder Jahreszeit immer wieder einfach wunderschön – die alte Brücke bei Sligachan, die sich in drei steinernen Bögen ausgesprochen fotogen über den gleichnamigen Fluss spannt. Kein Wunder, dass diese romantische Brücke vor der eindrucksvollen Kulisse der Black Cuillins zu den meistfotografierten Motiven der Isle of Skye gehört.

Eine Tour zu einem weiteren Highlight der Isle of Skye, einem am Neist Point auf schroffen Klippen gelegenen Leuchtturm, bietet immer wieder wundervolle Ausblicke auf Landschaft und Lochs. In absoluter Traumlage am Loch Harport liegt die Gesto Farm aus dem 19. Jahrhundert.

Wer möchte hier nicht ein kleines weiß gekalktes Cottage besitzen und sich wenigstens eine Weile von der modernen Welt erholen? Auch die Klippenszenerie direkt am Neist Point am äußersten Zipfel der Halbinsel Duirinish bietet zahlreiche Aussichten auf die umliegende Küste und das Meer.

Der 1909 in Betrieb genommene und 1990 automatisierte, typisch schottisch weißgelbe Leuchtturm am Neist Point thront am äußersten Ende einer fantastisch geformten felsigen Landzunge über dem Meer.

Ein stiller Morgen am Loch Dunvegan vor einigen Jahren – wir waren mit einem Wohnmobil unterwegs und hatten die Nacht auf dem malerisch, direkt an der Meeresbucht gelegenen Campingplatz des kleinen Örtchens Dunvegan verbracht. Ich war sehr früh unterwegs, die ganze Welt schlief noch, auch das kleine Boot schien noch zu träumen, nur die Wolken zogen langsam über imposante Bergkuppen und idyllisch gelegene, winzig kleine Häuschen – hier könnte man für immer bleiben.

Direkt am Loch Dunvegan thront das gleichnamige Castle auf einem mächtigen Felsen, seit 800 Jahren Stammsitz des MacLeod-Clans. In herrschaftlichen Gemächern kann man das Leben der MacLeods in vergangenen Jahrhunderten bestaunen und danach durch romantische Gartenanlagen flanieren, die in ihrer Üppigkeit und Farbenpracht in faszinierender Weise mit der umliegenden kargen Landschaft kontrastieren.

ANTLERS
WEST HIGHLAND BAR

In Portree tut sich etwas – die „Hauptstadt" der Isle of Skye mit weniger als 2500 Einwohnern bietet ihren Besuchern zwar keine wirklich interessanten historischen Sehenswürdigkeiten, mittlerweile aber ein vielfältiges Spektrum an Restaurants, Pubs, Cafés und Shops aller Art. Das Angebot an Übernachtungsmöglichkeiten hat sich in den letzten Jahren ebenso qualitativ und stilmäßig erweitert. Wir verbrachten vor ein paar Jahren eine Nacht im Ben Tianvaig, einem kleinen privat geführten Guest House oberhalb des Hafens. Ein hübsches, gemütliches und liebevoll dekoriertes Zimmer mit herrlichem Ausblick auf die bunten Häuser und Fischerboote unten am Hafen und die gesamte malerische Bucht, ein leckeres Frühstück, serviert von den netten Gastgebern Charlotte und Bill – einfach perfekt! Natürlich wollten wir wiederkommen, aber leider war während unserer Tage auf Skye im Oktober kein Zimmer mehr frei. Unbedingt empfehlenswert sind übrigens auch Antifers Bar und Grill am Somerled Square mit einem tollen Angebot frisch zubereiteter Speisen für jeden Geschmack und direkt schräg gegenüber das Caroy House, in dem man in stylischem Ambiente ebenfalls einen wundervollen Abend verbringen und tagsüber bei leckerem Kaffee einen unglaublichen Chocolate Cake mit diversen Beeren genießen kann.

Sicher eine der atemberaubendsten Berg- und Küstenszenerien Skyes erstreckt sich nördlich von Portree auf der Halbinsel Trotternish. Schon von weitem sichtbar erhebt sich hinter dem Loch Leathan ein gigantisches Felsplateau mit bizarrer Felsnadel. Bereits bei unserer ersten Tour vor vielen Jahren wusste ich sofort, dass ich irgendwann unbedingt dort zum „Old Man of Storr" hinaufsteigen muss, um die Magie dieser unglaublichen Felsformation ganz nah zu erleben und die wohl spektakulären Ausblicke auf das Meer und das Festland dahinter zu genießen. Damals aus Zeitmangel auf eine Schottlandtour im folgenden Jahr verschoben, dauerte es schließlich mehr als zwei Jahrzehnte, bis wir dieses Vorhaben realisieren konnten. Entweder regnete es in Strömen oder das ganze Bergmassiv war total von tief hängenden Wolken verhüllt.

Vor einigen Jahren hatten wir dann Anfang April endlich Glück: Herrliches Wetter und nur einzelne geparkte Autos ließen uns hoffen, dass man dort oben ein paar stille Momente erleben und vielleicht einige stimmungsvolle Aufnahmen realisieren könnte. Tatsächlich waren an diesem Morgen erst einige Touristen unterwegs und nach einem circa einstündigen Aufstieg stand ich dann oben, an dem Ort meiner jahrzehntelangen Sehnsucht! Welch ein Anblick: Fast wie eine abstrakte Skulptur thront hier nicht nur der fast 50 Meter mächtige Old Man of Storr, sondern eine ganze Gruppe hoher Felsnadeln und bizarrer Gesteinsformationen – the Art of Nature! Und welch ein Ausblick: Fast scheint es, als liege einem ganz Schottland zu Füßen: Meer und Highlands und Himmel – unvergesslich!

Aber auch von der Küstenstraße bieten sich nicht nur am Old Man of Storr immer wieder je nach Wetter überwältigende Ausblicke und zauberhafte Bilder. Egal wohin man schaut, nach vorne, zurück, auf die Berge oder aufs Meer – alles ist hier fast außerirdisch schön!

Südlich von Staffin lohnt zumindest ein kurzer Stopp mit einer unvergleichlichen Aussicht auf die spektakuläre Steilküste – hier stürzt der Mealt Fall vor der markanten Felskulisse des Kilt Rock 40 Meter senkrecht ins Meer. Bei unserem letzten Besuch erreichte allerdings nur wenig Wasser den Grund, starker Wind vom Meer wehte in heftigen Böen das meiste Nass landeinwärts auf Besucher und parkende Autos.

Nördlich von Staffin weist ein Schild mit der Aufschrift „Quiraing" den Weg. Auf einer kleinen Straße fährt man zunächst durch eine fantastische Fels- und Hügellandschaft und dann in immer steileren Kurven bis auf die Passhöhe jenes faszinierenden, vor Jahrmillionen durch gigantische Erdrutsche entstandenen Gebirgskammes Quiraing. Besonders kurz nach Sonnenaufgang schafft die Natur hier ein episches Landschaftsgemälde.

Einige Kilometer weiter entlang der Küste gen Norden sind immer noch wenige Besucher unterwegs. Als wir an diesem kleinen See mit der wundervollen Spiegelung des dahinterliegenden Felsmassives eine Pause machten, waren wir total allein in dieser überwältigenden Szenerie.

Ganz im Norden der Halbinsel Trotternish warten einige Zeugnisse schottischer Historie direkt am Wegesrand: Von der ehemaligen Festung des Clan MacDonald blieb allerdings nur ein einsturzgefährdetes Gemäuer auf einer imposanten Klippe. Ganz in der Nähe liegt auch das Grab von Flora MacDonald, die in jungen Jahren den berühmten Bonnie Prince Charlie als mutige Fluchthelferin unterstützt hatte.

Vom weiter südlich gelegenen kleinen Hafenort Uig aus starten die Fähren auf die Äußeren Hebriden. Wir waren bisher zweimal auf Harris und Lewis, das eigentlich lediglich eine Insel mit einer Engstelle ist, deren südlicher Teil Harris und der wesentlich größere nördliche Teil Lewis heißt, und können einen mehrtägigen Besuch dieser ebenfalls einzigartigen Inselwelt nur empfehlen. Schon die Überfahrt ist zumindest bei gutem Wetter und ruhiger See ein wunderschönes Erlebnis, denn vom Wasser aus ergeben sich unglaubliche Ausblicke sowohl auf die Isle of Skye als auch auf Harris und Lewis.

Perfekt gelegen für manch ungünstige Abfahrtszeit der Fähre am frühen Morgen ist das Hotel „Hebrides". Nach einem netten Empfang, einer Nacht in einem großen, modern und trotzdem gemütlich eingerichteten Zimmer in schöner Grau-Weiß-Kombination und einem tollen Frühstück kommen wir garantiert wieder! Die Hügel und Berge auf Harris sind nicht so grandios wie auf der Isle of Skye, aber die extrem steinige, fast baumlose und einsame Landschaft hat durchaus ihren eigenen spröden Charme. Vor allem ist es hier noch stiller, in den winzigen Orten trifft man noch Einheimische, die teilweise in traditionellen Tweedwerkstätten oder als Fischer arbeiten, und auf den schmalen Straßen begegnet man häufiger Schafen als Autos.

OBEN _ *Der fast 40 Meter hohe, 1862 fertiggestellte Leuchtturm, der am Butt of Lewis den nordwestlichsten Punkt der Insel markiert, bietet aus ganz unterschiedlichen Blickwinkeln ein interessantes buntes Urlaubsmotiv.*

LINKS _ *Im Süden des Inselarchipels bei den winzigen Örtchen Seilebost, Scarista und Luskentyre findet man, was man so weit im Norden Europas nicht erwartet: azurblaues, manchmal türkises Meer, dessen von weißem Schaum gekrönte Wellen bei Windstille langsam an weite, feinsandige, nahezu weiße Strände rollen – fast wie in der Karibik, nur die Palmen fehlen.*

Auch auf Lewis findet man noch eindrucksvolle steinerne Monumente, die von der frühen Besiedelung der Insel zeugen und das harte Inselleben in vergangenen Jahrhunderten anschaulich dokumentieren: Noch immer imposant wirkt die Ruine des Dun Carloway Broch, der wahrscheinlich im 1. Jahrhundert v. Chr. errichtet wurde. Der einst mächtige Rundturm mit zwei bis zu drei Meter dicken Mauern und einem Durchmesser von 15 Metern dokumentiert in seinem Erhaltungszustand eindrucksvoll frühzeitliche Baukunst in Schottland (linke Seite Mitte). Im Gearrannan Blackhouse Village können Sie nicht nur Leben und Arbeiten in vergangenen Zeiten bestaunen, sondern in einigen der alten Häuser sogar unter von Steinen und Seilen festgehaltenen Strohdächern übernachten. Das Blackhouse in Arnol, in dem einst Mensch und Tier unter einem Strohdach lebten, bietet jedoch mit offener Feuerstelle am Boden in düsterer schlicht möblierter Kammer eine noch authentischere Atmosphäre (oben).

Einfach nur karg und schön: Mit den spektakulären Gebirgsszenerien der Isle of Skye können die Berge hier sicher nicht konkurrieren, dafür bieten sie noch mehr Abgeschiedenheit und Stille, Pfade zum Wandern und Vögel beobachten.

Die Inselhauptstadt Stornoway von Lewis and Harris ist ein beschauliches kleines Städtchen mit einigen Cafés, Pubs, Restaurants und Lädchen, in denen nicht nur der berühmte Harris-Tweed angeboten wird. Im pittoresken Hafenbecken liegen noch alte Fischerboote. In dem im 19. Jahrhundert errichteten Lews Castle, das sich hinter einem strahlend erleuchteten Tor verbirgt, können Sie sich im Museum Nan Eilean über die regionale Geschichte und Kultur informieren und im modern-rustikalen Bistro eine gemütliche Kaffee- oder Teepause machen. Wer möchte, kann auch in einem der Schlossappartements logieren …

Lewis fasziniert vor allem durch die Poesie nur sanft gewellter oder flacher stiller Landschaften voller kleiner Tümpel, Teiche und Seen und die Magie eines rätselhaften Ortes: Im gleichnamigen Ort ziehen die Standing Stones of Callanish, die neben Stonehenge und Avebury zu den bedeutendsten steinzeitlichen Kultstätten zählen, Reisende aus aller Welt in ihren Bann. Die dunklen Silhouetten im abendlichen Gegenlicht lassen für jeden Besucher individuellen Raum für Spekulationen und Interpretationen der Bedeutung dieser geheimnisvollen Stätte. Neben der Hauptanlage Callanish I wurden bis heute weitere elf unterschiedliche Steinsetzungen in der näheren Umgebung entdeckt. Die kreuzförmige Hauptanlage besteht aus einem zentralen Steinkreis, von dem Steinreihen in alle vier Himmelsrichtungen führen. Der Steinkreis selbst wird von einem fast fünf Meter hohen Monolith in der Mitte dominiert. Wurde hier von steinzeitlichen Vorfahren vor tausenden von Jahren vielleicht der Sonne oder dem Mond gehuldigt?

In Callanish endet unsere romantische Reise durch Schottland. Ich hoffe, dass ich Sie in Bildern und Worten für dieses unglaublich faszinierende Land im Norden Großbritanniens begeistern konnte. Besonders im Herbst, Winter oder Frühling, wenn poetische Hügellandschaften in fantastischen Farbkompositionen erstrahlen oder Nebel- und Wolkenstimmungen wilde, grandiose Bergszenerien verzaubern, spürt man die Magie des Landes und der Orte. Deshalb gilt zumindest für mich noch immer: Scotland my Love … we will return!

Adressen-Verzeichnis

SEITE 26–29 __ **Abbotsford House**
Melrose TD6 9BQ
www.scottsabbotsford.com

SEITE 30/31 __ **Traquair House**
Traquair, Innerleithen EH44 6PW
www.traquair.co.uk

SEITE 32 __ **The Globe Inn**
Dumfries, 56 High Street
www.globeinndumfries.co.uk

SEITE 37 __ **Castle Kennedy Gardens**
Sheuchan, Stranraer DG9 8SL
www.castlekennedygardens.com

SEITE 37 __ **Logan Botanic Garden**
Port Logan, Nr. Stranraer DG9 9ND
www.rbge.org.uk/visit/logan-botanic-garden

SEITE 38 __ **Culzean Castle**
Maybole KA19 8LE
www.nts.org.uk/visit/places/culzean

SEITE 39 __ **Robert Burns Birthplace Museum**
Murdoch's Lone, Alloway,
Ayr KA7 4PQ
www.burnsmuseum.org.uk

SEITE 40/41 __ **Apex City of Glasgow Hotel**
110 Bath St, Glasgow G2 2EN
www.apexhotels.co.uk

SEITE 42/43 __ **The Willow Tearooms Buchanan Street**
97 Buchanan Street, Glasgow G1 3HF
www.willowtearooms.co.uk/buchanan-street

SEITE 44/45 __ **Kibble Palace**
Glasgow Botanic Gardens,
Glasgow G12 0UE
www.glasgowbotanicgardens.com/the-gardens/history/kibble-palace

SEITE 49 __ **Riverside Museum**
100 Pointhouse Rd,
Glasgow G3 8RS
www.glasgowlife.org.uk/museums/venues/riverside-museum

SEITE 58/59 __ **Royal Botanic Gardens Edinburgh**
Arboretum Pl, Edinburgh EH3 5NZ
www.rbge.org.uk

SEITE 60 __ **Miss Katie Cupcake**
52 Cockburn St, Edinburgh EH1 1PB
www.misskatiecupcake.com

SEITE 64/65 __ **The Bay & the Bridge Guesthouse**
9 Farmstead Rd, Dalgety Bay,
Dunfermline KY11 9HW
www.bayandbridge.co.uk

SEITE 84/85 __ **Blair Castle**
Blair Atholl, Pitlochry PH18 5TL
www.blair-castle.co.uk

SEITE 89 __ **Dunnotar Castle**
Stonehaven AB39 2TL
www.dunnottarcastle.co.uk

SEITE 90/91 __ **Strathisla Distillery**
Seafield Avenue, Keith AB55 5BS
www.maltwhiskydistilleries.com/strathisla/age-gate

SEITE 94/95 __ **Cawdor Castle**
B9090, Cawdor, Nairn IV12 5RD
www.cawdorcastle.com

SEITE 96 __ **Urquhart Castle**
Drumnadrochit, Inverness IV63 6XJ
www.historicenvironment.scot

SEITE 98–101 __ **Dunrobin Castle**
Golspie KW10 6SF
www.dunrobincastle.co.uk

SEITE 119 __ **Hector's Bothy**
Station Rd, Kyle of Lochalsh, Kyle IV40 8AE
www.hectorskyle.co.uk

SEITE 120/121 __ **Eilean Donan Castle**
Dornie, Kyle of Lochalsh IV40 8DX
www.eileandonancastle.com

SEITE 125 __ **The Garrison Hotel**
High St, Fort William PH33 6EE
www.thegarrisonhotel.co.uk

SEITE 137–139 __ **Greystones Oban**
1 Dalriach Rd, Oban PA34 5EQ
www.greystonesoban.co.uk

SEITE 140 __ **Inverary Castle**
Inveraray PA32 8XE
www.inveraray-castle.com

SEITE 149 __ **Tobermory Distillery**
Tobermory, Isle of Mull PA75 6NR
www.tobermorydistillery.com

SEITE 155 __ **Toravaig House Hotel**
Sleat, Isle of Skye IV43 8RE
www.toravaig.com

SEITE 159 __ **Café Deli Gasta**
The Old Mill, Harrapool, Broadford,
Isle of Skye IV49 9AQ
www.deligasta.co.uk

SEITE 165 __ **Dunvegan Castle**
Dunvegan, Isle of Skye IV55 8WF
www.dunvegancastle.com

SEITE 166 __ **Ben Tianavaig Guesthouse**
5 Bosville Terrace, Portree IV51 9DG
www.ben-tianavaig.co.uk

SEITE 166 __ **Antifers Bar & Grill Portree**
The Portree Hotel 9EH,
Somerled Square, Portree
www.theportreehotel.com

SEITE 167 __ **Caroy House**
Somerled Square, Portree IV51 9EH
www.caroyhouse.com

SEITE 177 __ **Hebrides Hotel Harris**
Pier Rd, Tarbert, Isle of Harris HS3 3DG
www.hotel-hebrides.com/

SEITE 180–181 __ **Black House Arnol**
42 Arnol, Bragar, Isle of Lewis HS2 9DB
www.historicenvironment.scot/visit-a-place/places/the-blackhouse-arnol/

Register

Atlantischer Ozean
Orkney-Inseln
Nordsee
John o'Groats
Duncansby Head
Thurso
Keiss Castle
Durness
Smoo Cave
Girnigoe und Sinclair Castle
Wick
Castle of Old Wick
Whaligoe Steps
Äußere Hebriden
Nordminch
Central Highlands
Wailing Widow Falls
Forse Castle
Dunbeath Castle
Ardvreck Castle
Ben More Assynt
998 m
Lewis
Loch Shin
Helmsdale
Dunrobin Castle
Tarbert
Ullapool
Bonar Bridge
Tain
Moray Firth
Gairloch
Loch Maree
Sgurr Mór
1.110 m
Duntulm Castle
Gold Cave
Uig
Kilt Rock/Mealt Falls
Fairy Glen
Old Man of Storr
Dunvegan Castle
Dunvegan
Skye
Sligachan Bridge
Fairy Pools
Broadford
Eilean Donan Castle
Dunscaith Castle
Armadale
Dingwall
Beauly
Inverness
Aigas House
SCHOTTLAND
Bow Fiddle Rock
Findlater Castle
Kinloss Abbey
Elgin
Elgin Cathedral
Boyne Castle
Cullen
Forres
Nairn
Fraserburgh
Rattray
St Mary's Chapel
Keith
Peterhead
Boddam Castle
Bullers of Buchan
Slains Castle
Huntly
Ellon
Spey
Grantown on Spey
Loch Ness
Fort Augustus
Invergarry
Aviemore
Ben Macdui
1.309 m
Craigievar Castle
Alford
Aberdeen
Banchory
Dee
Stonehaven
Dunnottar Castle
Newton-more
Braemar
Loch Lochy
Mallaig
Glenfinnan Viaduct
Fort William
Ben Nevis
1.344 m
Grampian Highlands
Ecclesgreig House
Blair Atholl
Innere Hebriden
Salen
Strontian
Pitlochry
Blackcraig Castle
Brechin
Montrose
Tobermory
Fairy Bridge of Glen Creran
Castle Stalker
Aberfeldy
Glamis Castle
Forfar
Blairgowrie
Arbroath Abbey
Arbroath
Loch Tay
Dunkeld
Carnoustie
Craignure
Mull
Oban
Kilchurn Castle
St Conan's Kirk
Tyndrum
Killin
Dundee
Fionnphort
Crieff
Perth
Kinfauns
St Andrews Cathedral
St Andrews
Earn
Crawford Priory
Dunino Den
Inveraray
Dunderave Castle
Tarbet
Kinross
Leven
Newark Castle
Carnasserie Castle
Stirling Castle
Stirling
Ravenscraig Castle
Kirkcaldy
Firth of Forth
Duntrune Castle
Kilmartin
Lochgilphead
Loch Lomond
Buchanan Castle
Dunfermline Abbey
Dunfermline
Bass Rock
North Berwick
Dunbar
Balloch
Falkirk
Greenock
Linlithgow Palace
Edinburgh
Jura
Port Askaig
Tarbert
Rothesay Castle
Bute
Paisley
Glasgow
Eyemouth
Islay
Largs
Motherwell
Portnahaven
Port Ellen
East Kilbride
Berwick upon Tweed
Ardrossan
Smailholm Tower
Biggar
Melrose Abbey
Kelso Abbey
Melrose
Kelso
Brodick
Kilmarnock
Kintyre
Arran
Troon
Selkirk
Dryburgh Abbey
Abington
Jedburgh
Campbeltown
Ayr
Cumnock
Hawick
Firth of Clyde
Southern Uplands
Girvan
Thornhill
Lockerbie
Dumfries
Newcastle upon Tyne
NORDIRLAND
Newton Stewart
Gretna
Stranraer
Baldoon Castle
Gatehouse of Fleet
Carlisle
Glenluce
Dundrennan Abbey
ENGLAND
Solway Firth

Links _ *Seit 1890 überspannt die leuchtend rote Eisenbahnbrücke Forth Bridge auf mehr als 2,5 Kilometern den Firth of Forth. Dieses immer noch eindrucksvolle stählerne Monument der Ingenieurskunst gehört seit 2015 zum Weltkulturerbe der UNESCO.*

Umschlag vorne _ *Cawdor Castle bei Inverness in den Highlands*

Kleine Umschlagbilder vorne, von links nach rechts _ *Neist Point auf der Isle of Skye, Eilean Donan Castle bei Dornie, Blackrock Cottage in Glencoe*

Umschlag hinten _ *Dunrobin Castle bei Golspie an der Ostküste*

Kleine Umschlagbilder hinten, von links nach rechts _ *Abbotsford House bei Melrose, Queen's View bei Pitlochry, Burns Cottage in Alloway, Loch Maree, Dunfermline Abbey*

Vorsatz vorne und hinten _ *Blackrock Cottage in Glencoe*

Umwelthinweis:
Dieses Buch und der Umschlag wurden auf chlorfrei gebleichtem Papier gedruckt. Die Einschrumpffolie – zum Schutz vor Verschmutzung – ist aus umweltverträglichem und recyclingfähigem PE-Material.

Karte: Fischer Kartografie, Aichach

Grafik:
Verlagshaus Würzburg GmbH & Co. KG

Repro:
ARTILITHO snc., Lavis-Trento, Italien
www.artilitho.com

Druck und Verarbeitung:
Grafiche Stella srl, Verona, Italien
www.grafichestella.it

ISBN 978-3-8003-4884-8

Horst Herzig: Studium Kommunikationsdesgin mit Schwerpunkt Fotografie an der Fachhochschule für Gestaltung in Darmstadt.

Tina Herzig: Studium Betriebswirtschaftslehre an den Universitäten Mainz und Frankfurt am Main.

Seit 1998 arbeiten sie gemeinsam für renommierte Verlage in den Bereichen Bildband und Kalender. In den vergangenen Jahren erschienen mehr als 300 große und kleine Kalender und Bildbände in Deutschland, diversen europäischen Ländern und den USA. Verschiedene Bildbände wurden in mehr als 70 Ländern publiziert.